普华在线
Sino-Balance Online

让人人都懂金融

FINANCIAL FRAUD
PREVENTION 33DAYS

金融防骗33天

—— 给你的钱袋子加把锁

翟山鹰　沈健 ◎ 著

中国商业出版社

图书在版编目（CIP）数据

金融防骗 33 天 / 翟山鹰，沈健著 . — 北京 ：中国
商业出版社，2016.5
ISBN 978-7-5044-9403-0

Ⅰ．①金… Ⅱ．①翟… ②沈… Ⅲ．①金融－诈骗－
案例－汇编－中国 Ⅳ．① D924.335

中国版本图书馆 CIP 数据核字（2016）第 087472 号

责任编辑：常 松

中国商业出版社出版发行

010-63180647　www.c-cbook.com

（100053　北京广安门内报国寺 1 号）

新华书店总店北京发行所经销

北京市庆全新光印刷有限公司

*

850×1168mm　　1/16　　16.25 印张　　250 千字

2016 年 5 月第 1 版　　2016 年 5 月第 1 次印刷

定价：88.00 元

* * * *

（如有印装质量问题可更换）

【自序】

2007 年初春，年近不惑的我向中国建设银行股份有限公司递交了辞呈，离开了这家工作多年的著名金融机构，开始了自己心仪已久的自由授课＋自由创业的快乐生活。

这年夏天，我在清华大学总裁班开课，讲授"金融基础"课程。来听这种课程的学生基本都是之前没接触过金融的民营企业老板。他们上课的目的，多以找关系和拿证书为主，真心想学知识的人很少，所以，课堂上一位来自江西做成人保健用品生意的学员很快引起了我的注意。

这名学员在课上不断向我提问，尽管提出的问题多数都很外行，我还是认真地回答了他的所有提问。当然，我能够明显地感觉到，他基本上什么都没听明白。

两年后，一个偶然的机会，我从他人处得知，这位学员已经摇身成为中国某著名金融培训机构的创始人和主讲老师，自创课程"资本兵法"，号称金融培训业的大师。全国跟随其学习的学生达到数十万人，学生们对此人推荐的投资产品投资额达到数百亿元。有时候甚至一次现场课程的听课人数就能过万，现场收取的费用可以达到数亿元。

好奇心的驱使下，我找来此人的课件、课程录音和其推荐的投资产品仔细研究了一下，结果让我震惊。此人课程中讲授的内容与真实的金融业务全然无关，其所谓金融，仅仅是一个徒有其名的包装。课程中充斥着大量一夜暴富的"神话"，罗列了大量虚构的企业精英的"名言"，不断激发人性的贪婪，最终目的无非是让学生们投资此人推荐的"伪"金融产品。

此时，我已经可以清楚地做出判断，所谓"资本兵法"课程，实际是这个人精心打造的特殊"路演会"，本质上其实是一种金融骗局。而那些被这种"路演会"诱导最终投资的学生，未来的结果恐怕只能是血本无归。

无独有偶。2007年秋，一名来自台湾的心理学专家在我的课堂上认真学习了三天的"金融基础"课程。尽管这位专家对金融知识一片茫然，对中国的金融市场运作规律更是一窍不通，但他认真听课的态度还是让我很欣慰。

　　几个月后，有朋友兴致勃勃地向我推荐台湾某著名金融大师的课程"五零资本"，据说这位大师在金融市场征战多年，基本功深厚，在台湾金融市场几无对手。此番在内地出山，是想在中国的金融培训市场大展拳脚。

　　我从朋友的手机里看到了这位大师的照片，竟然就是听过我三天课程的那位丝毫不懂金融的心理学专家。

　　此后几年，这位专家在中国的金融培训市场声名鹊起，数万名老板粉丝争相追捧，无限崇敬。老板们对这位大师推荐的金融产品投资超过数十亿元。对这些粉丝们的狂热投资行为，我也只能摇摇头，叹叹气，很遗憾，这些资金又打水漂了。

　　从2007年开始，不断有"无知识＋无基础"的学生在听过我一两天"金融基础"课程后，就以火箭般的速度蹿升成为中国金融领域的著名"大师"和"大神"。有的成为培训机构的大宗师，有的成为财富管理的大高手，有的成为私募基金的发起人，有的成为P2P平台的大股东。

　　正所谓"台上一分钟，台下十年功"。金融行业是一个专业性极强的领域，在金融圈中辗转腾挪投资获利，需要长时间的认真学习，还要有大量的实操经验作为基础。即使是一直跟随我学习的学生，最少也要花两到三年的时间打好基础，然后才可能逐步进入金融市场，最终找到合适的投资机会。

　　而实际情况是，我的这些学生们，以及目前社会上大量的所谓能够"暴富"的投资机会，都只是套用了金融的外衣，裹挟着了"贪婪"、"诱惑"和"美好的愿景"，通过精心设计的市场营销手段，向希望投资获利的社会大众疯狂吸金，最终移花接木地把这些投资据为己有。

　　越来越多的"快速致富"的方式，吸引了更多心存不良的"聪明人"开始在金融市场设立花样繁多的投资骗局，这些人在尚不成熟的中国金融投资领域不断带起各式各样的投资"暴富"风潮，响应者数不胜数，也为中国未来投资市场的良性发展埋下了深深的祸根。

　　每次想到这些曾经是我学生的人，助推了中国金融投资市场的乱局，不由得百感交集，心痛之余也总觉得我有责任和义务帮助广大投资人学会识别各种金融骗局的方法。面对金融投资，不仅要知其然，更要知其所以然。我希望能够帮助大家了解投资的规律，掌握真正的金融知识，然后才是利用这些手段以正确的方式去投资获利。

　　我的合伙人沈健老师在了解我的想法后，给予我大力支持。沈老师花费近半年的时间，收集了目前中国国内数百种典型的金融骗局，协助我的团队对所有的骗局进行了认真的分析，并从中挑选了最具特点的 30 余种模式，编写成书。于是便有了这本《金融防骗 33 天》。

　　我希望本书能够帮助中国所有的投资人远离金融骗局，也期待着中国金融市场走向正轨、健康发展的那一天早日到来。

2016 年 4 月

给你的钱袋子加把锁

改革开放以来，伴随着中国经济的快速发展，通过投资股票、债券、众筹等金融方式赚钱，成为越来越多的社会大众的致富途径。"原始股"、"远期订单"、"数字货币"、"配资业务"等一些与日常生活完全扯不上关系的金融专业词汇，越来越多地出现在街头巷尾普通民众的热议中。近些年来，国内很多地区都掀起了全民投身于金融领域致富的火爆浪潮。

然而，这些热血沸腾的投资者，绝大多数没有金融领域的从业经验，没有从事专业投资的实践经验，甚至严重缺乏金融领域的基础知识。正是这样一群金融市场风险防范意识极低的人，在铺天盖地的投资"暴富"的宣传影响下或是亲朋好友的热情推荐下，未曾对拟投资对象情况做最基本的了解，就一厢情愿地确认某个"金融"产品是绝佳投资机会，一掷千金，盲目出手进行投资。

2005年到2015年的这十年时间里，在越来越热的全民金融投资浪潮中，巨大的商业利益驱使各种各样的伪 "金融大神"粉墨登场，创造出各种让人眼花缭乱的金融培训、金融课程和金融产品。一时间，各种振奋人心的"超高回报"神话纷纷登场，"一夜暴富"的故事四处流传。但是，到底有几人能够通过这类投资而获利暴富，却不得而知了。细心去看，背后的真相迷雾重重。

2015年12月，媒体曝光了一款名为"e租宝"的理财产品，深度挖掘了其背后的金融欺诈手段；而在这之前，深埋水下的"大大"、"铁汇"等一大批涉嫌金融投资骗局的案件纷纷被挖掘出来，开始浮上水面。诸多金融机构甚至伪金融机构欺骗投资者的事实被清晰地展现在社会公众面前，中国金融领域大量投资"暴富"的神话破灭。

国内主流媒体根据已公布的数据粗略统计，从2005到2015年的十年间，国内金融诈骗案的涉案金额已经超过2000亿元，受骗人数超过千万人，上万投资人倾家荡产。

在大量金融骗局中，投资者在高收益的驱使下，完全忽略了金融领域具有很高的专业门槛和重大的投资风险。在贪心的驱动下，不顾风险盲目投资，最终骗局破灭，所投资金烟消云散，千金散尽不复回。

金融领域种类繁多的骗局并非仅仅是中国独有的"特色产品"，在全球金融的发展历史上，重大金融骗局从来没有离开过投资者的视线：28岁的毛头小子尼克里森仅凭控制的一个投资账户就轻松搞垮了经营数百年的巴林银行；纳斯达克证券交易所的前任主席伯纳德·麦道夫更是制造了历史上著名的金融骗局，让投资人的500亿美元荡然无存，消失不见。

本书从近十年来中国300多个重大金融骗局中精选了30余个经典案例，并用33天的时间对这些案例进行了深刻分析，解读出目前中国金融领域的几乎所有骗局模式和设局思路。"33"这个数字充满了神秘色彩，地理、宗教、科学、历史中都存在与"33"有关的元素。在公元前6世纪的毕达哥拉斯时代，数学命理学更是将数字"33"视为最高等级的终极数字，象征着神圣的真理。那么我们防骗意识的形成需要多长时间呢？也许，33天就够了！

赚钱不容易，投资需谨慎。人类生活的世界十分公平，能够创造财富奇迹的金融领域，同样隐藏着其他商业领域难以比拟的投资风险。希望本书能够帮助所有希望通过投资来致富的朋友们缔造一副火眼金睛，在中国金融领域的投资实践中快速辨别真伪，轻松而又安全地获取财富。

2016年4月

FINANCIAL FRAUD PREVENTION 33DAYS 目录 CONTENTS

实物资产投资类骗局

FINANCIAL FRAUD
PREVENTION 33DAYS

第1天 1st day

贵金属、宝石等领域现货交易的投资陷阱

　　2015 年，中国的金融市场不仅经历了过山车式的剧烈震荡，也迎来了互联网金融的蓬勃发展。回顾这一年，中国的金融行业可谓波澜起伏、气象万千。一件一件地梳理盘点着过去这一年发生的金融重大事件，最终悲哀地发现，朋友圈流传的"土豪死于信托、中产死于炒股、草根死于 P2P，总有一款骗术属于你"，这样的段子还真不是笑话。

　　我们普华商学院专设了一条 400 防骗热线，经常会接到一些客户打来的咨询电话。前两天早晨接到的一个电话，受害者王某被投资平台许诺的高额回报所诱惑，开始投资某交易所的贵金属产品，满怀希望地投进去 10 多万元人民币，没想到最后换来了一个欲哭无泪的结果。

　　近几年贵金属投资行业迅速发展。2015 年，通过高收益吸引投资者，最后资金链断裂难以兑付，这是很多贵金属交易所普遍出现的情况。仔细分析，就会发现，贵金属市场华丽外表的背后，其实暗藏着说不清道不明的风险。不明就里的投资者经不住一轮轮的电话轰炸，抗拒不了被精美包装的"高收益理财产品"的巨大诱惑，稀里糊涂的投资者犹如飞蛾扑火，前仆后继。

　　每个投资者都希望自己能够赚钱，每个投资者都希望自己接的并不是骗局中的最后一棒，只是大家都忘了"有人赚钱，就得有人赔钱"这个最简单的金融原则。对于那些指望贵金属交易所分析师帮自己赚钱的天真的投资者，他们的行为，无异于与虎谋皮。

"X 金宝"——投资者的噩梦

成立于 2011 年 2 月 16 日的某有色金属交易所是全球最具规模的稀有金属现货投资及贸易平台，也是我国最早由政府批准、监管的专业有色金属现货交易所。短短几年时间，该交易所迅速扩张，吸纳了 22 万投资者前来投资。

2015 年 9 月，该交易所委托受托交易商出现资金赎回困难等情况，在委托受托业务合同期限内，部分受托资金出现了集中赎回情况。在此之后，该交易所兑付危机持续发酵，引发一系列维权浪潮。

公开资料显示，该交易所兑付危机的起因，缘于一款名为"X 金宝"活期理财产品。该交易所的投资方式有两种，一种是交易，投资者做现货交易业务需要先交付 20% 的保证金，根据贵金属价格的波动在平台上进行买卖。另一种是受托业务，投资者垫付货款协助委托方会员买入货物，会员按日收取委托日金，这项业务被称为"X 金宝"。交易所的受托业务分为两种，一种是日金和本金，可以当天取出；另一种是结构化产品，日金当日到账。在 180 天封闭期结束后可取出所有本金和日金。

"X 金宝"的宣传资料介绍，该产品风险极低，年化收益率达 12%，并且资金是由工商、招商等十多家银行进行第三方存管。由于有银行背书，"X 金宝"像吸铁石一样吸引了很多人加入，人们争先恐后地把钱投进了该交易所的融资平台。交易所把资金借给贸易商收取每日万分之 3 至 3.75 的利息，贸易商再用借来的钱支付货款，取得货物后支付给交易所每日万分之 5 的利息。交易所从中赚取利息差。

根据投资者的测算，从 2011 年到 2015 年，该交易所总共"抽水"约 39.23 亿元，其中交易所分得 11.78 亿元，几百家授权机构分得 23.05 亿元。有媒体报道，根据该交易所披露的相关信息，2013 年，交易所的总收入超过 4 亿元，全年利润超过 1.5 亿元。

为了吸引更多的投资，该交易所大肆收购贵金属铟制造赚钱的假象。生产商因有利可图，纷纷增产扩能，一面是交易所不断高价收购贵金属铟，一面是生产厂商无序扩张。2011 年至 2015 年，我国铟产量暴增。媒体披露，我国铟的需求

量每年只有 20 余吨，该交易所的铟库存量则高达 3600 吨，即使国内所有使用铟为原料的生产线全线生产，也需要消化 150 年。该交易所的这一商业模式直接导致我国铟行业陷入了前所未有的困顿期。

压垮骆驼的最后一根稻草

花无百日红，2014 年，证监会、交易所所在地的省、市清整办、证监局等监管部门要求该交易所落实"交易商买入后卖出或卖出后买入同一交易品种的时间间隔不得少于 5 个交易日"和"交易时可见交易商的企业名称或身份证件名"政策。整改之后，由于不能根据市场上的价格调整实时交易，交易所平台交易量开始大幅下滑，交易会员通过平台借入的受托业务贷款总额也成比例减少。

同一时期，按照当地政府的要求，该交易所取消了卖出申报的交易模式。但由于接近一半的客户资产属于"180 天封闭期"结构化资产，卖出申报的交易模式取消后，交易所的结构化资产全部变成了流动性资产。对投资者而言，资金的流动性加大了，但对交易所而言，流动性资产的增加，也意味着自身风险的增大。

2015 年 4 月，国内 A 股市场迎来了火热的行情，不少投资者纷纷从该交易所撤资转战 A 股。更为不妙的是，国内一些有色金属生产企业也开始入市，它们把钱从交易所平台上撤出再配上杠杆进入股市，因为从股市上圈钱比一门心思埋头搞生产赚钱容易多了。

该交易所终于感受到了资金流通性缩减带来的压力，一些投资者表示，投进交易平台的钱已经不能自由出入了，他们在 QQ 群、微信群等社交平台相互探讨自己遇到的情况，恐慌的情绪在投资者之间迅速蔓延，越来越多的投资者从平台上出金。

真是屋漏偏逢连夜雨，船直又遇打头风。2015 年 6 月底到 7 月初，A 股急剧下挫，各种利好利空的传闻漫天飞舞，股市混乱一片，投资者、实体企业、银行，包括该交易所在内的各种金融交易平台等都不同程度地感受到了资金流通性缩减带来的压力。

压垮骆驼的最后一根稻草终于落下来了。延续了数年疯狂的资本游戏后，该交易所资金链终于断裂，28 个省份的 22 万投资者的 430 亿元资金难以追回。

430 亿元的资金去了哪里？

贪婪引诱着人们犯罪。很多人都是被 "X 金宝" 12% 以上的年化收益率吸引，在没弄懂交易所设计的赚钱模式和投资品种风险的情况下就把钱投进来，有的人甚至是倾其所有。"X 金宝" 最终投资的是一种大部分人都不了解的稀有金属铟，也就是说，22 万名投资者的 430 亿元人民币经过该交易所多年的投资变成了一堆价格暴跌的贵金属。交易所告诉投资者："你们做的是稀有金属的资金受托业务，现在稀有金属行情不好，价格已经从你们受托买入的 500 万～ 700 万元每吨变成了现在 185 万元每吨，要取现也可以，但只能给你已经贬值的存货。"

没有人傻到要用真金白银换回一堆价格暴跌的铟，有投资者表示："铟、铋等稀有金属不仅要占据大量仓储空间，而且还有毒，将来还可能卖不出去。"交易所告诉投资者，钱都是为委托方垫付货款，协助买入货物并收取收益。有投资者质疑，"谁也没法保证和监督每笔交易受托方（卖方）、委托方（买方）的真实存在，也无法保证交易所本身是否和其他两方间存在关联交易等猫腻"。

很快媒体也发现该交易所在多地开设公司，做业务，拉客户。从工商登记系统记载的该交易所合伙人注册的合伙企业信息看，大部分是 2014 年至 2015 年新注册的企业。这些企业的注册资金普遍为数千万元，有的高达上亿元，但它们的实际认缴资金基本都是零。这些企业打着交易所的旗号，投身交易所的模式运作。这些巨额的投资款从哪来？交易所为数不多的交易量及佣金根本不足以支持该交易所平台的运转，某些人很敏锐地觉察到，还有另外一种可能——巨额资金被抽离或挪用。

现实中，该交易所对外宣称巨额资金已经被转化成了稀有金属铟。包括其单方面向投资者提供的有关审计材料，被具备审计师专业资格的投资者认为是瞒天过海，因为上述材料并非尽职调查，并不能证明上述贵金属库存足额足量存在，亦不能证实这些贵金属的产权是否归该交易所拥有。

2015 年 7 月 12 日，该交易所曾通过一则公告，单方面宣布将投入 430 亿元

巨资的 22 万多名投资者的身份，从单纯的财务或理财投资者，变成该交易所高价囤积的现货持有人。对于这一单方面的公告行为，交易所自始至终都没有拿出法律依据，也未正式出面向全体投资者进行全面解释，于是最终出现了数千名投资者齐聚证监会维权的一幕。

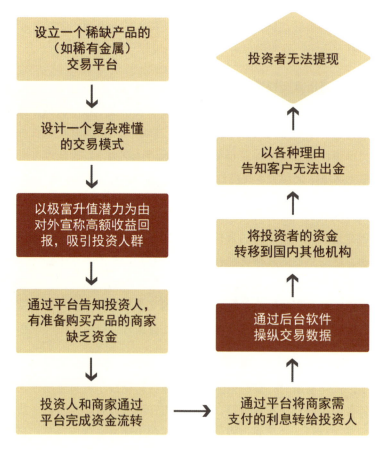

注：图中红色标注部分是该类案例的关键环节

本案例中讲述的贵金属投资骗局可以这样分析：

投资者名义上将资金借给贸易商，实际上是借给交易所，获得万分之 3 至万分之 3.75 的每日收益。交易所作为实际借出人将资金借给贸易商，收取万分之 5 的每日利息。交易所从中赚取万分之 1.25 至万分之 2 的每日收益。贸易商用借来的钱支付货款，取得货物，并支付给该交易所每日万分之 5 的利息。从这个角度上说，交易所充当了一个小额贷款公司的角色，从中赚取利差。

生产商与贸易商的交易规模决定了贸易商的融资需求，进一步决定了该交易所的总资金规模。当总资金规模出现增长乏力的时候，交易所用从投资者手中集资来的资金直接从生产商手中买入有色金属。也就是说该交易所自己当起了贸易商，它需要支付给投资者一定的利息。为了吸引更多的客户，交易所把新客户的钱支付给了老客户，试图将市场上所有的有色金属都收集起来，形成垄断。垄断地位没有如期到来。随着 2015 年股市转好，大量资金赎回，交易所终于无法完成兑付，开始限制每日兑付额度，到最后一分钱也拿不出来。

该交易所平台之所以能吸引众多的投资者上当，主要是因为：

第一，高收益率。华尔街有句格言：贪婪和恐惧，这两种力量推动着市场。这句话同样适用于投资者。

第二，该交易所宣称其有政府的背书，让消费者误以为"X 金宝"理财产品有银行的隐形担保。

第三，投资者对风险的认识不足。在巨大利益的诱惑下，金融机构常常会玩各种虚假、欺诈的花招，如果投资者不仔细鉴别，难免会麻痹大意，上当受骗。

该交易所的骗局说明：

首先，在交易所"炒货"跟在股市"炒股票"本身并无太大差异。在中华人民共和国境内，只要经过相关的审批手续，任何民营企业都可以成立交易所、交易中心、交易市场，但并不代表其有国家背景的支持，只相当于在工商局获得了备案和注册。所有进入交易体系运营的人都要知道一个原理——投资有风险，入市需谨慎。

其次，交易模式特别复杂的模式，基本上以骗局居多。投资者如果看不懂该交易模式，千万不要跟进。凡是设置复杂交易模式的机构，都有特殊的目的在里面。

最后，在一个真实的交易机制当中，如果只有做多机制没有做空机制，交易基本是不能成立的。这种循环模式并非不存在，但可能性很小。

◣ 防骗关键点提示

正规的交易模式都是简单易懂的，凡是看不懂的交易模式，以骗局居多。另外，如果投资者不去贪图各种所谓的高收益，任何骗局都对你无可奈何。

第2天 2nd day

贵金属、宝石等领域期货交易的投资陷阱

"70 倍的高收益,两天净赚 10 万元","用别人的钱赚钱才能赚大钱","国际白银价格实时交易","24 小时赚到了 6 万元","两天随现货白银赚 10 万元,炒白银半个月猛赚 90 万元"。这些极具诱惑的词语充斥在各种各样的现货白银投资宣传中。

在一轮轮的电话推销和精心设计包装成高收益的"理财产品"的强轰下,一些投资者就势掉进违规白银投资的陷阱难以自拔,彻底沦陷,最后血本无归。稍一统计,就会发现这里面的不正常——90% 以上的客户是亏损的。投资就会有风险,这是简单的道理,但是如此高的亏损率,显然是存在问题的。

以国内某家规模甚大的交易所的数据为例:从 2010 年 2 月试营业开始,截至 2011 年 3 月中旬,该交易所的客户数量已经超过了 10000 户,累计成交金额为 2800 亿元。按照双边收取万分之六的手续费标准,截至 3 月中旬,交易所光手续费一项就净入 8400 万元。按照当时该交易所高管人员的预测,到 2011 年年底,也就是营业的第二年,该交易所的成交金额将达到 5000 亿元到 6000 亿元。如此大规模的交易体量,是否意味着繁荣的市场交易呢?投资者能在如此大的市场中赚得盆满钵溢吗?

2014 年 3 月,央视"3·15"晚会曝光了现货白银投资黑幕,让众多投资人意识到自己遭遇到一场骗局,而某些贵金属交易所,便是骗局的始作俑者。至此,

国内红极一时且波及面极广的白银交易黑幕，逐渐浮出水面。

其实，早在 2013 年的金融培训课程中，我们就帮学员们分析过这一类交易模式背后的手段，然而时至今日，这一骗局仍旧屡禁不止。消费者究竟为何频频陷入白银投资陷阱？

今天，我们来重新起底一下某些交易所背后的猫腻。

投资者频频落入白银投资陷阱

我们先来看几个客户的案例。

2012 年 6 月，在某贵金属有限公司业务员的不断劝说下，辛女士成为了一名现货白银投资者。由于辛女士是初次接触现货白银，该公司还非常"贴心"地特意为辛女士安排了一位分析师，替她操作。没想到的是，短短几个月时间里，辛女士损失惨重，59 万余元打了水漂。

某银行客户张先生，在银行理财经理和驻点的券商工作人员忽悠下，稀里糊涂授权给他人开了账户，由他人帮忙操作自己的账户进行白银投资。用 360 万元资金购买了一款"理财产品"，期限为 12 个月，预期年化收益率高达 21%，结果在一年的时间内，360 万元亏得血本无归。

2013 年 9 月，陈女士在北京某投资公司业务员鼓吹"现货白银投资收益高"的推销下，通过网络方式提交身份证等开户信息，在该公司开设了交易账号。9月 6 日，陈女士向其指定的银行账号先后汇入 3 万元、2 万元，并通过其官网下载的软件进行交易。虽然投资产品的每手价格为 4600 元，但由于双方交易采取的是放大 50 倍的杠杆交易方式，只交易了几次，陈女士的交易账号就亏损严重，并因保证金不足被强行平仓。截至 10 月 21 日，仅仅一个多月的时间，陈女士净亏损金额高达 14 万元。

如此不正常的亏损比例，究竟原因何在？

不合常理的佣金返利

王先生也是某交易所的受骗者。2013 年下半年他在某交易所开户，在不到一个月的时间里，100 万元投资资金亏损殆尽。在得知大量的投资者亏损累累之后，王先生开始对交易所的交易模式产生了质疑，经过半年的调查，他发现了其中的惊人秘密。

该交易所所谓的现货白银交易，其实质是非法期货交易。按照国家要求，期货交易需要获得国家有关部门的批准。但该交易所的贵金属交易平台以现货白银为名，行非法期货之实。

按照这些交易平台的交易模式，投资者介入其中，实际上是与平台或平台的会员单位进行对赌。平台收取手续费，会员单位除参与提成手续费之外，还能坐收投资的亏损（即头寸）。

既然是对赌，就会有输有赢，为何总是投资者亏损？通过多方的调查分析，我们基本上可以做出结论，这些交易所的交易模式是做了手脚的。

以前文所提的那家规模甚大的交易所为例，按照该交易所设计的模式，交易所下设四家特别会员及众多的综合会员。综合会员负责吸纳客户，在哪个综合会员处开户，该客户就只能与这家综合会员进行交易。特别会员只能与综合会员进行对手交易。交易所里所有交易都是一对一的，不同等级和类别之间的资金无法交易。

通过媒体的调查得知，综合会员可以按照手续费万分之十二的比例对介绍客户进场的居间商进行返佣，这个比例是交易所返给综合会员手续费的 120%，也就是说，每引入一位新客户，综合会员还要赔钱支付居间商的佣金。

在正规的期货市场中，给居间商的返佣一般不超过手续费的 45%。如此高的佣金，显然是不正常的。经纪商依靠手续费生存，超过这个比例，公司就无法支撑日常的开销。从这点看，该交易所的综合会员显然不依靠手续费盈利。那综合会员靠什么支付自己的运营开销呢？

真相是惊人的，在这种一对一的对手交易中，客户的亏损正是综合会员的盈利。90% 的投资者亏损，也就意味着综合会员 90% 的情况下都在获利。

另一个引人注意的细节是，在投资者和综合会员的对手交易中，双方使用的杠杆并不相同。交易所允许会员采用相当于客户 4 倍的杠杆交易。按照综合会员内部人士的说法，交易所对客户收取 8% 的保证金的规则，客户的资金杠杆是 12.5 倍，而综合会员资金杠杆则达到 50 倍。

如此高的杠杆，导致这些综合会员畏惧一些强手的加入，或许是担心机构投资者经验丰富、资金量大，一旦盈利就会使综合会员产生巨额亏损，他们采取各种方式避免给机构投资者开户，所以旗下全是个人投资者。这在其他所有交易所都闻所未闻。

暗藏玄机的操盘软件

从众多受害投资者的描述中得知，交易所会向客户提供一份"投资协议"，该协议要求，客户直接将账户的交易账号、密码告知交易所，由其代为操作，而最为诡异的是，交易所会告知客户，在其操作期间，客户不可以再操作自己的账户，而且也不能干扰其任何操作。交易所承诺，如果客户的账户资金小于投资本金，差额部分将由其补足。

而在客户将操作权交与交易所之后，一系列莫名其妙的操作就出现了。某张姓投资者称，2012 年初他在该交易所开设了账户，待到大量亏损之后自己查询账户的操作，发现在一年的时间内，每天的交易都极其频繁，粗略统计发现，有时候一天的下单、平仓次数能达四五次，其主要目的不是帮助客户盈利，而是刷取客户高昂的手续费用。如此看来，光是交易清单上一串串的手续费，也可以让希望盈利的投资者深陷其中。

经过媒体和有关部门进一步的调查发现，最终令投资者血本无归的重要原因，其实是在他们的每天交易平台的后台——操作软件。业内相关人士透露，交易所在花高价获得该类软件后，工程师会教导操作员如何通过后台操控交易。后台操纵主要包括采用滑点、篡改数据、延时、更改走势、阻止交易、强行平仓、阻止出金等。

所谓滑点，即在投资者输入平仓价位时，系统会自动篡改成交价位，减小投资者的盈利或加大投资的亏损。延时则主要在单边行情中使用，让投资者的操作指令延后成交，减少投资者收益。而当投资者有盈利而准备平仓时，通过设置指令，由系统报错，让投资者无法登陆交易。

而在所有的后台操作中，最重要的一个人为操纵是通过更改数据而操纵行情走势，让一些特定投资者爆仓。也就是说，这些号称与国际白银市场行情同步的交易平台，其行情数据实际是人为操控的。可想而知，在这些可以被操纵的交易平台上做投资，如同在牌桌上与一个"出千手"赌博，是输是赢，在开始就已经注定了。

有些人会问，不是所有人都发觉不了吧？一旦有懂行的客户自行操作盈利了，如何控制？他们还有办法，交易平台找各种理由不让客户出金，如软件升级、网络故障、政府检查、银行对账、客户违规操作、操作超时等，总之，不会让你轻易的将资金转出账户，这也解释了那么多客户发现的交易平台屡屡发布系统出现故障或不能出金的通知，甚至拖得你连续多天不能出金。

蹊跷的"做市商"制度

除了上面说的两点，某些交易所的报价系统也值得细细思考。我们都了解，国外的做市商制度，是要求做市商自主进行报价，而我们今天提到的几家国内的交易所，却是非常蹊跷的，他们并不参与定价。

定价是做市商制度的关键，定价技术含量非常高，需要高端的量化金融人才。做市商必须有能力计算出一个不过高的价位保证成交，也不能过低而吃亏。而文中提及的交易所中完全不参与定价的"做市商"根本就不能称为做市商。

该交易所所谓的场外交易（OTC市场）、"做市商模式"都是偷换概念，目的在于以金融创新的理念吸引投资者入场进行对赌交易。

对赌有风险，每个人都懂。然而对赌总是有输有赢的，为什么在这类交易所里，客户都赌输了呢？

还是以前文中提到的那家规模甚大的交易所为例。据调查得知，客户在综合会员处下单之后，综合会员会在内部进行多空头对冲，如产生单边净头寸则向上一级与特别会员对冲；特别会员有义务接下综合会员的单边净头寸，如果还不能消化掉的话，特别会员就要寻找别的渠道进行对冲。显然，这样的模式下，特别会员就成为了最终风险的聚集点。

国外的成熟市场，比如欧美期货市场，真正的做市商都是高盛、花旗几家超大型的金融机构，承担风险的能力和技术水平都是世界一流的。而我们说的这家交易所，注册资本金为 2 亿元，仅从资金实力上来看，就远远不能承担 "终极做市商"的责任，同样，那些没有金融牌照和经验的民营企业充当各级代理机构，也不可能正确地在金融衍生品市场上进行对冲。一旦发生极端行情，这种模式会逐级传递风险，导致做市商爆仓，投资者的资金也付诸东流。

维权困难重重

央视"3·15"晚会曝光的 5 家贵金属投资平台并非个例。直至今日白银市场仍是乱象丛生，大大小小的交易所、交易中心、交易市场、贵金属经营公司和代理商多达上万家，其中以交易所为核心的行业链导致无数不明真相的投资者血本无归。面对涉及范围如此之广，被害投资者如此之多，资金体量如此大的交易骗局，受骗者又该怎样维权呢？

从法律角度上看，白银现货平台交易的标的物不是现货，而是以白银为基础设计的合约。这种合约可以脱离"现货"而独立存在，其风险率控制方式、平仓方式与期货大同小异，属于类期货交易模式。

而在我国法律规定下，从事期货交易必须获得中国证监会下发的经营许可证，地方政府或者其下设的金融工作办公室没有批准期货交易的职权。所以，这类平台无论有无金融办的所谓批文，本质上都是非法经营期货。这种交易形式不具备正规期货所具备的避险功能，是非法的。

此外，《国务院关于清理整顿各类交易场所 切实防范金融风险的决定》提出，除依法经国务院或国务院期货监管机构批准设立从事期货交易的交易场所外，任何单位一律不得以集中竞价、电子撮合、匿名交易、做市商等集中交易方式进行标准化合约交易。同时，建立由证监会牵头的"清理整顿各类交易场所部际联席会议"制度，以协调清理整顿违法证券期货交易工作。

然而，实际上仅仅靠建立制度并不能清理类期货交易平台的遗患，某些方面，反而还给投资者维权带来难题。以投资人张先生为例，他先是就现货白银骗局向批准其设立的金融办投诉，相关人员表示此类事件不归其监管。而后，他又向警方报案，警方表示此类案件无法立案。此后，又找了证监局，相关投诉部门人员告知，证券、期货类事件可以投诉，现货交易不归其监管，建议找人民银行。而人民银行给的答复是，这个需要调查认定。

我国现行监管体制下，黄金白银是归人民银行监管；但当收到投诉时，人民银行会认为，现货白银涉及非法期货，应当找证监部门管。而后者往往会以"这是现货"或者"是黄金白银交易"为由，认定不归自己管；而一些省市批准设立的平台更是处于没有部门监管的状态。

这也就导致投资者无法通过行政投诉维权；而通过刑事途径维权，存在立案难、时间长、发还希望渺茫等诸多不确定因素，挽回损失的可能性极低。

诡异的交易体制，充满蹊跷的做市商制度，不合常理的佣金返利，还有暗藏猫腻的操盘软件，任何人闯进这样的局里，恐怕都难逃厄运，更何况在血本无归的时候也很难讨回公道，只能提醒大家，擦亮眼睛，看清陷阱，绕道而行吧！

我们来看一下，一位网友在某论坛上发表的看法：

"大家都知道，期货、现货对普通投资人来说，就是一种对赌游戏，而且因为有杠杆，风险非常大，而作为一般的贵金属交易平台，投资人是赚是亏和他们是没有关系的，他们是稳赚手续费。更有甚者，一些黑平台，他们除了赚投资人的手续费，更是靠和投资人对赌来坑投资人的钱，他们可以随意在后台更改交易数据，而投资人的资金其实并没有实际参与国际的贵金属交易。

投资人基本全是亏钱，很多人甚至亏得倾家荡产，真的是太黑了，希望广大投资人擦亮自己的眼睛，不要上他们的当。即使不是黑平台，炒期货、现货，那也就是赌博，研究什么技术基本都是白扯，希望大家珍惜自己的血汗钱！"

如果所有投资人都能像上面这位网友一样冷静，且有自己的主观判断能力，这些黑平台也就没有用武之地了。

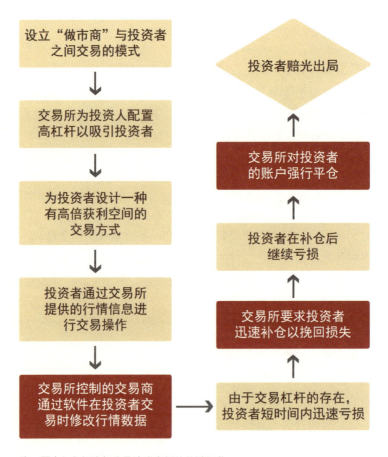

注：图中红色标注部分是该类案例的关键环节

自 2014 年央视"3·15"对一些贵金属交易黑平台进行曝光之后，大量非法的交易平台已经被查处，但某些交易所仍然在运行，最令人扼腕的是，依然有大量的投资人跳进这些投资陷阱，深受其害。为此，我们再次对这类交易陷阱的几个关键点进行梳理，希望能够提示更多人，避免财产上无谓的损失。

首先，是做市商制度。前文已经分析过，该类交易所的做市商制度明显是不合理的。任何形式的交割模式中，如果出现了做市商，就必须对做市商的背景进行清晰的调查。在交易中，如果做市商并非由公正的第三方机构来承担，而是由交易模式制定者指定，那么必然会存在隐秘交易，投资者的利益自然难以保障。同样，如果做市商不具备相应的能力与资质，也同样存在极高的风险，不建议尝试。

其次，需要特别注意交易所或平台使用的软件，软件提供的数据非常关键。在准备做投资或者理财之前，应该尽可能多地向不同的交易所或平台去咨询，多了解，多调查。同时，还可以向现有的客户、投资人咨询意见，全面掌握交易模式等诸方面的细节。

第三，属于老生常谈：高收益率意味着高风险。几乎所有的金融骗局中，都会有"高收益率"一类的字眼出现，超高的收益，基本上是所有骗局的统一特征。前文中提到的交易所，在向投资人宣传时，最高曾放出 70 倍收益的豪言，然而对于相对应的风险却避而不谈。但我们必须清楚，70 倍收益的背后一定是 70 倍的风险。以白银交易为例，其实我们只需要通过简单的市场调查就能够得知，白银的价格、白银现货与期货的价格浮动等信息，交易所吹捧的超高收益根本就是无稽之谈。

第四，在金融市场中，以股市为例，参与者有两种人，一种是投资人，他们的投资是基于对某些企业或者项目的前景有信心，盈利建立在被投资者的发展上；另一类则是投机者，他们的投资收益建立在市场的交易以及标的价格的涨跌上。而在期货市场中，则几乎全部都是投机者。显然，投机的风险是高于投资的。在我们提到的这类交易所中，所有的白银交易中，投资者都未曾见过真的白银，每个人都抱着投机的心理，这无疑于一场赌博。在这样一种交易模式中，只有投机没有投资，自然就有着很高的风险。

最后要说的是，信息时代，通过互联网搜集信息是一件非常方便的事，然而案例中出现的很多人根本就没有养成这样一种好习惯，2014 年 3 月份之后，每个人都可以通过网络途径，在众多平台和媒介上查到关于白银交易黑平台的大量信息，稍用点心，就可以了解到真相。投资有风险，为什么不能更谨慎一些呢？

◣ 防骗关键点提示

交易平台中一旦出现后台的暗箱操作，就意味着几乎所有人的投资都不存在收益回报的可能性。必须要在充足的调查分析后，才能投资。

第3天 3rd day

黄金现货交易的投资陷阱

　　人类社会有记载的历史以来，黄金一直都是商品市场流通的"硬通货"。中国有句老话，"盛世收藏，乱世黄金"，说的是世道混乱的年代，黄金是比较保值的财物，需要好好地收藏起来。如今和平年代，自然谈不上"乱世藏金"，但中国人藏金的观念千百年来根深蒂固，黄金永远都是人们趋之若鹜的东西，很多人都热衷于购买黄金来作为资产保值或者理财升值的手段。进入互联网时代，各类交易平台如雨后春笋般出现，黄金理财也不例外。然而，有利益的地方就一定伴随着风险，这个热门领域里同样潜在着巨大的风险。

　　今天我们要说的，就是与黄金投资有关的一件案例。说起这件案子的当事人，与我们商学院还颇有渊源。2008 年夏天，在一期金融研修班里，有一位来自河北的女学员肖某。在那一拨学员里，肖某给人的印象是属于比较内敛、低调的，外表上看起来很有一股书卷气。

　　在课下的讨论过程中，肖某曾向我们咨询过关于黄金交易的相关问题，并针对黄金交易的平台搭建以及相关的商业模式向我们征求意见。我们在详细听取了肖某的想法后，对其提出了建议和忠告，告诫其在设计商业模式和平台的经营过程中，一定要守住法律的底限，涉嫌非法的事情是不能触碰的，否则会付出惨痛的代价。然而，在实际操作的过程中，肖某却并没有悬崖勒马。很不幸，结果被我们言中，这位在众多企业家中并不起眼的女学员，在 2014 年的中国金融圈掀起了一次不小的风波，引发了一系列惊动全国的事件。

黄金交易背后的陷阱

经相关媒体披露，黄××投资集团正式成立于2007年6月，曾被业内称为"某省黄金第一家"。该公司以"黄××迷你金条"、黄××标准金条销售与回购为主营业务，在深圳、西安、重庆、大连等地开设数十家分公司，宣称全国共有3000多家"黄××"连锁店。

黄××集团向社会非法集资的手段，主要是通过他们旗下的一款理财产品，即"中立仓"预定预售业务。

所谓中立仓，是指通过资金（或实物）满足交收申报差额部分的交收需求来获取延期费收益的一类市场参与者。当交收申报结果为收货量大于交货量时，中立仓以交实物的形式入市，收回货款并按当日结算价获得多头持仓；当交收申报的结果为交货量大于收货量时，中立仓以出资金的形式入市，收进黄金并按当日结算价获得空头持仓。

通俗地来讲，中立仓就是一种延期交售的合约，这些合约的特点是远期，没有固定到期日，每天都有交割，而且这些交割的供需双方是不对等的。

黄××向客户提供的中立仓预售合同显示，中立仓是"为满足提取贵金属实物差额部分而设定的交收需求"，申报中立仓的投资者，黄××根据投资额给予一定仓息。如1万到10万元，月仓息率是7.5‰，而10万到50万元，月仓息率是10.09‰，50万以上的月仓息率是11.57‰。

我们可以来分析一下。市场上，每天发生的供需是随机的，比如买方需要2吨黄金，卖方要卖2.5吨黄金，这时候就需要一个中立方来购买这多出来的供需差0.5吨，如果每天能做到中立仓，累计的年化收益确实很可观。

这种合约的本意是鼓励有余金的去平衡市场，但是，如果以抢中立仓去做理财产品，尤其是集资去做这件事情，风险就出现了。首先，即使把资金募集过来，不是所有资金都能抢到中立仓，其次，这种投资本身就有着较高的风险，而平台没有充分提示风险，而是大力鼓吹高收益回报，这样一来，投资人的钱就危险了。

高额收益的刺激下，必然有大量的投资者蜂拥而至，黄××公司在对外宣传高收益回报的同时，也从各方面入手，打造着自己品牌的"光辉形象"。成立7年间，黄××集团获得过众多荣誉，包括"中国黄金行业十大最具影响力品牌"、中国质量万里行"全国维护消费者权益诚信承诺单位"等，在当地可谓大名鼎鼎。而且肖某作为该集团的董事长，也成为了当地的明星企业家。"她常上电视、报纸，是人大代表，还是政协委员，我们怎么会不相信她？"对于很多客户来说，这些高大上的名头，正是他们敢于投入巨额资金的重要原因之一。

很多投资者称，自己多是通过朋友介绍才了解到黄××的投资业务，并认真考察过该公司的资质情况，正是基于对公司和朋友的信任才把钱投了进去，没想到最后拿不回来了。

拉拢业务员投资

不光是投资者蒙在鼓里，多数黄××公司的业务员也同样成为了受骗者，他们不仅在公司的违法经营中出了力，而且自己也投了资，甚至是大额资金的投入。一些门店的业务员在接受媒体采访时称，他们其实自己也不太懂合同和理财，具体公司将钱收上去怎么操作炒黄金、投资，他们不清楚。很多投资人是看到身边亲戚朋友赚钱了，被高利息吸引，主动到门店来的。业务员只负责签合同、办理手续，甚至不需要懂业务，简单说就是公司用客户的钱去投资。

某营业员说，他所在的营业点有二三十名业务员，在看到很多干了三四年的其他同事投入几十万元的投资后，自己也动心了。"公司的规模很大，管理正规，又有那么多媒体的正面报道，疑虑也就慢慢打消了"。当然，信任的结果就是风险变成了现实，悲剧真的来了。

2014年7月7日，上级政府金融办在接到黄××涉嫌非法集资的举报后，责令当地政府金融办核查。当地政府金融办责令黄××董事长肖某对黄××的具体经营状况进行报告。肖某在接到通知后，拒绝配合政府机构核查经营状况。

2014年8月17日下午，肖某被当地政府领导约谈，一直等到傍晚6点，肖某失踪。其后，当地政府冻结了黄××25亿元银行存款。

2014年9月初，黄××组织员工到人民银行静坐、示威，甚至聚众试图冲击金融机构。当地政府向上级请示后，查封了黄××的经营场所和营业厅。

2014年9月18日，当地政府公安机关发布消息称，已依法对黄××投资集团有限公司涉嫌非法集资案进行立案查处，对黄××案件涉及的资金及其他财产采取查封、扣押、冻结等措施，对涉案犯罪嫌疑人进行追逃抓捕。

随后，事件持续发酵，继媒体曝出黄××集团被查的消息后，各地出现受害投资者挤兑，并集结人群上街抗议，要求黄××集团返还自己的投资金额。同时，肖某跑路的风声四起，更是让投资者惶惶不安。一场涉及数万人的非法集资案急速发酵，一时间，这个曾经被称为"黄金第一家"的企业土崩瓦解，登上了舆论的风口浪尖。

案发后，经公安机关初步查明，黄××公司采取多种形式公开从社会非法吸收资金，主要用于支付集资者高息、业务人员业绩提成、各店面统一装修等，其实质是骗取公众资金、用后期吸收的资金兑付前期资金本息。

同时，肖某及其亲属、亲信使用集资款大量购买房产、购置豪华车辆。公安机关共查封黄××省内营业网点136个，冻结账户资金28亿余元，查封房产191套、土地300余亩，扣押车辆79部和一批黄金、白银制品。

据媒体报道，截止到2016年1月31日，这个涉及全国多个省市的黄××投资集团涉嫌非法集资案中，全国范围内共有36000余人报案，报案金额达53.9亿元。目前，包括该集团原负责人肖某在内的主要犯罪嫌疑人已移送检察机关审查起诉。

案发后，网上有声音说：如果不查处黄××，让他们正常经营，投资人就不会受损失。

是这样吗？显然这是个伪命题，根本经不起推敲。其实这个论调的意思是：如果黄××没有被查，他们的经营仍在继续，那么我们的钱还可以继续拿回来。某种角度上说，也不是没有这种可能。但是，前提是继续有人投资进来，后面来钱补给你们先进来的人——典型的庞氏骗局模式。庞氏骗局的核心，其实就是"拆东墙补西墙"，正如很多网友所说，这部分声称如果黄××不被查就不会有损失的人，只想做"西墙"。

黄××承诺给客户的是高达 13% 以上的年收益率，而在这个本身就存在诸多疑点的平台上，借助一个现实上根本行不通的投资模式，怎么可能达到这么高的收益率呢？

不管黄××集资的初衷是什么，最后一定会演变成庞氏骗局，不断提高的利率，非但不能说明他们的投资有了高额回报，反而是其投资不景气的佐证。他们害怕资金链断裂，才会不断以更高的收益来诱惑更多的人将资金投进来，补上之前的漏洞，很显然，这个泡沫一定会越滚越大。然而泡沫终究是会破灭的，如果没有相关部门的查处，黄××的这个泡沫剧只会愈演愈烈，在耗掉更多投资人的钱后崩盘。

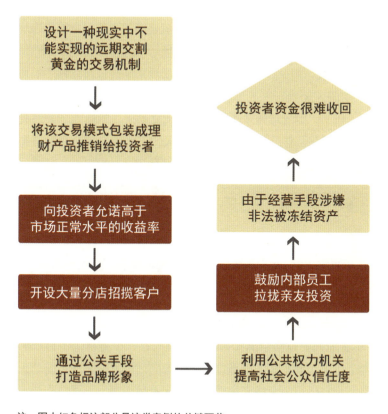

注：图中红色标注部分是该类案例的关键环节

黄××的案例比较典型，涉及非法违规主要有以下两个点：

1. 非法吸收公众资金

黄××在全国有 2000 多家门店，在没有取得合法经营牌照的前提下，以理财产品的名义，向社会公众非法吸收资金，同时允诺明显高于同期银行存款利率的收益回报，这已经涉嫌非法集资。

2. 违规进行黄金期货交易

黄金期货交易是需要许可的，黄××的黄金期货交易本身就是违规的。2011年 9 月，国务院出台《关于清理整顿各类交易场所 切实防范金融风险的决定》（简称 38 号文），要求切实做好清理整顿各类交易场所和规范市场秩序的各项工作。当年 12 月，中国人民银行等五部门出台《关于加强黄金交易所或从事黄金交易平台管理的通知》，要求取缔清理若干贵金属交易所，明确除了上海黄金交易所和上海期货交易所外，任何地方、机构或个人均不得设立黄金交易所和黄金交易平台。

黄××根本没有获得任何许可，没有从事黄金期货交易的资格。

有以上两点，已经足够警醒投资者了，然而事实上，却还是有太多人冒着风险，抱着高回报的期望，一步步踏进这个巨大的投资陷阱。从案例亲历者的口中，我们可以得知投资者的典型心理：

第一种，看到身边的亲友赚到钱了，放松了警惕。很多人在看到同事或者亲友们在黄××的投资过程中确实得到了高额回报，于是打消了自己的疑虑，头脑一热就冲了进去。殊不知，正是这些后进者的钱，才能保证之前的人源源不断地拿到收益回报，一旦资金链断掉，必然出现兑付困难。结局只有一个——钱打了水漂，血本无归，你做了这个泡沫局的"接盘侠"。

另一种，是在看到媒体、舆论对黄××公司的正面报道，以及政府部门对黄××公司的肯定之后，习惯性地认定该项目的合法化，并将其视为收益回报的保证。很可惜，古往今来，别人说的好，都未必是真的好，在没有调查研究之前就轻信他人的判断，就是将自己放在了一盘无法掌控的赌局之中。轻易地将命运交到别人手上，当然不是明智的做法，哪怕对方有着高大上的光环。如果能够耐心地分析一下，而不是片面地只看媒体的正面报道，也许损失就可以避免了。

　　还有一种人，在明知高风险甚至是非法违规的前提下，仍然抱着侥幸心理，在法不责众的惯性思维中，盲目地相信他人的劝诱，将法律抛之脑后，将客观规律扔在一旁，眼中只看见那高高的收益回报率，闷着头就跳进了陷阱，从此无法自拔。这种心理当然更是要不得，通俗地来讲，所有人都在大街上抢劫，不代表抢劫就不犯法了，你心动了，等着你的就是手铐；所有人都说明天太阳会从西边出来，不代表太阳真的不再东升西落，违法的模式终究是违法的，虚高的收益率终究是虚妄的，投进去的钱是你的，亏了，也只有自己承受。

　　在依法治国的大背景下，我们在做投资理财的时候需要了解，如果你参与的某一个企业的经营活动本身是在违法的前提下进行的，那么你的权益是无从谈起的。本身就是非法的，又何谈合法权益呢？

◥ 防骗关键点提示

　　在中国，能够合法从事黄金交易的，只有上海黄金交易所一家，其他所有打着黄金交易的幌子找上门来的，您都需要当心了。

第4天 4th day

虚构资产投资骗局

"民间传说当年国民党反动政府逃往台湾时，在大陆留下了巨额的民族资产，这些财富有专门的'守宝人'保护，如果能够找到'守宝人'，并且取得他的信任，就可以获得这些巨额资产"。

这看起来像是小说、电影等文学作品中的桥段，如今却以骗局的形式出现在我们的现实生活中。天将降大任于你，民族大业落在了你身上，为国家民族守护资产。所谓的民族资产解冻，为祖国作出贡献的同时，自己还可以升官发财。发财梦与民族英雄梦相结合，杀伤力太强，太多的人在它面前丢盔卸甲。

接下来，我们结合一位朋友的亲身经历，讲解"江湖传言"、"藏宝图"、"看山老人"、"藏宝洞洞主"这些原本应该出现在武侠著作中的词语，为什么会欺骗那么多人。

民族资产解冻诈骗案

近30年来，以民族资产解冻为名所进行的诈骗案在全国各地屡见不鲜，受害群众不计其数。

2011年，应某经朋友介绍认识了林某，在听说应某是一位身价不菲的老板，还喜欢收藏字画后，林某向应某透露自己知道一个"天大的秘密"：抗战时期，国民党反动政府在贵州的深山中，藏了一处宝库，里面有价值连城的古董字画。见多识广的应某不以为然，随便附和几句应付过去。

一个月后，林某主动打电话跟应某聊宝库的事，林某表示："解冻贵州的那笔民族资产，需要 2000 万元的启动资金。为了筹集这笔资金，贵州那边手持古董的人想要抵押、买卖一些手头上的古董。"应某不太相信林某的话，不为所动。几天后，应某去一个朋友家里聊天，听朋友说长沙有人在运作"国民党民族资产"，应某想起向自己透露"天大的秘密"的林某。两种传闻如此巧合，应某动心了。

2011 年 5 月，应某主动打电话联系了林某。林某带应某去见陈某，陈某拿出四件瓷器，向应某介绍："这两个黄色的碗，是雍正皇帝吃早餐用的；另外那两个，是乾隆书房里用的。"

陈某很神秘地告诉应某，抗战时，国民党当局除了在贵州留下一处宝库，还有 3863 亿美元的民族资产存在美国联邦银行。要把这笔民族资产解冻，需要 2000 万人民币作为启动资金。正是由于筹不到钱，所以这四件瓷器才会以 950 万元的价格低价出售。应某拍下了瓷器的照片并拿给朋友看，朋友认为，如果是真品，每件瓷器的价值至少在千万元以上。

几天后，在陈某的指使下林某再次联系了应某，得知应某对书画更感兴趣后，陈某表示："书画没问题，有机会我进一趟山，去宝库里找一找唐伯虎、郑板桥等人的字画，这事包在我身上。"陈某提出让应某帮忙筹集启动宝库的资金，应某欣然答应。

2011 年 5 月，应某先后给陈某打了 950 万元启动资金，陈某将四件瓷器给了应某。陈某叮嘱应某："瓷器的事不要对外声张，这些都是国宝级文物，暂时不能见光。"

2011 年 6 月，陈某交给应某一张启动民族资产的项目委托书和 108 张美金储备卡。陈某称，一张美金储备卡可以兑换 5000 万美元。见应某对此深信不疑，陈某乘机提出，"本来只是让你参与解冻民资资产的项目，如果再投资 300 万元，那么这个项目就委托你全权办理。"利欲熏心的应某又向陈某打了 300 万元。

此后，陈某以"进山取宝"需要费用为由，向应某收取 10 万元现金、5 万元生活费、35 万元一套的家具，应某甚至还为"进山跑项目没有车不方便"的陈某买了一辆价值 90 万元的车。

短短三个月时间，应某先后投入了 1300 万元资金。内心不踏实的应某拿着瓷器、美金储备卡、项目委托书找人鉴定，结果发现都是假的。事情败露后，陈某答应还钱，经应某多次催讨，陈某一共归还了 70 万元。

2015 年 5 月，应某向公安机关报案，面对检察官的讯问，陈某交待：项目委托书以及美金储备卡是花了 200 万元制作的，从外表看可以以假乱真。另外，那四件"国宝级瓷器"也是花 80 多万元从成都买的赝品。加上付给林某的 98 万元"好处费"，陈某共投入 300 多万元。2015 年 10 月，犯罪嫌疑人陈某涉嫌诈骗罪被当地人民检察院批准逮捕。

"民族资产解冻"的诈骗手法听起来很荒谬，但却仍有人受骗。更为可怕的是，很多受骗者受到诱惑会继续发展加入者，甚至在明知为假的情况下仍然助纣为虐。下面要说的这起以向国家捐献民族资产为名的诈骗案件，案发过程超出了人们的想象。

"捐献民族资产"诈骗

2008 年 3 月 6 日，有关部门收到一封特快专递，自称曾与孙中山共同组织革命、姓名为李烈钧的国民党高官要向国家捐献巨额资金，特委派吴某办理此事。收到来信的有关部门经过分析认为此事涉嫌诈骗，便约见了吴某，经过多方盘问发现疑点重重，遂向公安机关报案，吴某当场被抓。

时间退回到 2003 年，黄某经朋友介绍认识了杨某，杨某告诉黄某，李某的手中掌握着巨额的民族资产票据，李某是国民党高层将领的夫人，想拿到这些票据，先要付几十万元钱。在李某的指使下，黄某从韦某处购得一箱印章、钢印等，印章字样均为"民国"字样。2004 年 9 月，黄某以 3.6 万元、6.6 万元的价格从韦某处购得 24 张票据以及面值为 2 亿元、5 亿元、20 亿元的 1988 年原始股票。至此，黄某等人已经将行骗所用的工具置办齐全。另一名合伙人明某是国民党高级将领李烈钧的扮演者，自称已经活了 100 多岁，是民族资产项目在中国大陆的总负责人，声称只要能联系到中央领导就立刻捐献手中近万亿元的资产。不巧的是真有人从黄某手里购买了票据，并向国家某部门发去特快专递，表明李某、黄某等人向国家捐款的想法。于是便有了前面说的那件案子。

警方调查结果显示，2006 年 8 月至 2008 年 1 月期间，黄某与明某对外谎称拥有民族资产，利用虚假的汇丰银行存单、伪造的人民币、美元等，以向国家捐献需要启动资金为由，实施多起诈骗活动。

对于事发被抓，黄某感到十分无奈，他表示"我就想通过吴某向他人表明要向中央捐献民族资产，好继续骗钱，没想到吴某找到一个不知道叫什么名字的人，他们真的拿着这些假汇票、假钱币和委托书去捐献，并且还真联系到了中央，后来我就被公安机关拘留了"。

而明某则称："我自己也是一个被害人，我从 1989 年开始跑票子，当时跑票子的人很多，有时候为了找票（取款凭证等），要花几百元几千元才能拿到票。要这些票的人有些说是中央或军委的人，有些说是自己是海外的老板，或者说他认识这些中央的人或老板，每次当我们把票给他们拿过去后，他们或说这些票是假，或说这些票不是他们想要的，时间长了我们也就知道这些都是假的了。我们就骗那些新人，不懂这些事的人，旧人骗新人，主要是骗钱或骗吃骗喝。当时，我进也是死、退也是死，如果不做这些事情，我以前从别人处借的钱也拿不回来。黄某给我许过很多愿，说跑成之后给我很多钱，如果国家真相信这些事情，我还可以当官，如果不相信，我就会被抓起来。"

法院于 2009 年 9 月 1 日依法做出判决，对黄某、明某均以诈骗罪判处有期徒刑十一年，罚金人民币二万元，剥夺政治权利二年。

"民族资产解冻"骗局还在不断上演，下面发生在老年人群体当中的诈骗案件性质就更为恶劣了。2014 年 10 月，63 岁的潘某虚构"民族资产解冻"事件，并四处传播，承诺投资 1 万元启动资金后可得到 100 万元的巨额回报，给予借款的，在约定利息之外，可在资产解冻后得到额外分红。

62 岁的叶某从潘某处得知"民族资产解冻"项目后，觉得项目很好，由于自己没钱，遂将该项目告诉比自己年长的朋友吴某，吴某与潘某约定 2% 的利息，

将个人储蓄的5万元借给潘某，潘某承诺"民族资产解冻"后，将给吴某额外的好处。几天后，潘某又以"需要解冻资金"为由，从吴某处"借"走5万元。又过了几天，潘某再次以"解冻资金尚未凑足，资产无法解冻"为由要求吴某筹款27万元，吴某个人储蓄所剩无几，遂又从亲朋好友处借来款项，凑足27万元借给潘某。叶某自己也以入股的方式投资2万元。

2014年10月，吴某将37万元借款之事告诉家人，家人觉察到被骗了，遂联系叶某一起到潘某处要求还款。当时，在场的还有60多岁的受骗者金某，潘某觉得金某具有资金实力，遂请金某先帮忙还款，并许诺"民族资产解冻"后给金某一部分好处。金某觉得"民族资产解冻"可信，但因手中没有现金，遂以自己的房产作抵押出具给吴某一张借条，叶某作为保证人，并承诺一个月内将37万元还款给吴某。

2014年11月，潘某以"解冻资金已经到位，上面很关注此事，要开新闻发布会"为由，再次要求金某、叶某等人筹集资金17万元。后该骗局被金某的儿子识破，遂向公安机关报警。人民法院以诈骗罪，判处被告人潘某有期徒刑六年，并处罚金5万元。

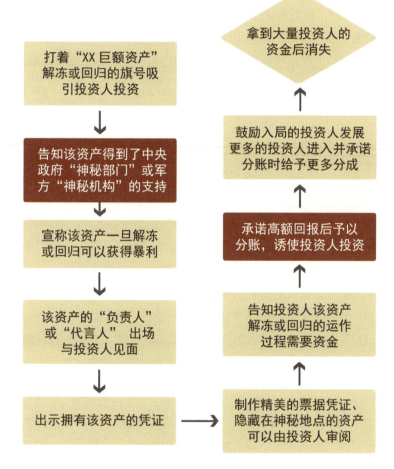

打着"XX 巨额资产"解冻或回归的旗号吸引投资人投资

↓

告知该资产得到了中央政府"神秘部门"或军方"神秘机构"的支持

↓

宣称该资产一旦解冻或回归可以获得暴利

↓

该资产的"负责人"或"代言人"出场与投资人见面

↓

出示拥有该资产的凭证 →

制作精美的票据凭证、隐藏在神秘地点的资产可以由投资人审阅

↑

告知投资人该资产解冻或回归的运作过程需要资金

↑

承诺高额回报后予以分账，诱使投资人投资

↑

鼓励入局的投资人发展更多的投资人进入并承诺分账时给予更多分成

↑

拿到大量投资人的资金后消失

注：图中红色标注部分是该类案例的关键环节

这些年来，关于中华民族历史资产解冻的类似事件搞得轰轰烈烈。据了解，1979 年 5 月 11 日，中美两国政府在北京签订了《中华人民共和国政府和美利坚合众国政府关于解决资产要求的协议》。根据此协议，中国大陆居民和公有单位被美国政府冻结的资产，将由美国政府于 1979 年 10 月 1 日宣布全部解冻。为此，1979 年 9 月 9 日我国政府发布了被称为"九九通令"的国务院命令，授权中国银行对外办理收回或提取手续。

同一天，中国银行发布公告，要求凡持有被美国政府冻结资产的任何单位和个人，应将被冻结资产的种类、数量和金额、持有人姓名、对方机构（即债务人）的名称、地点等情况和凭证，限期向当地或附近的中国银行办理登记手续。此协议是当时不了解历史记录情况而签署的，经过 30 年的调查研究，中华民族历史资产是没有的。

"中美资产解冻"自此成为许多人追索了 20 年的谜，它给一些心怀不轨或不明就里的人留下了极大的想象空间。当时，很少有人知道哪些资产可以被解冻，数额有多大？它是披着神秘的外衣走进人们生活的。国务院命令和中国银行公告在《人民日报》见报后，一些人将当时已在西南、中南、华东各省区盛行的收买兑换蒋伪钞票活动披上"资产解冻"外衣，编造出国民党政府当年在大陆发行的货币可以拿到美国或台湾重新兑换的谣言，收兑伪币活动愈加蔓延。

1979 年 12 月至 1980 年 10 月，中国人民银行连发三个文件，要求坚决制止收兑伪币等打着"资产解冻"旗号的活动。但这一活动起起落落，并未止歇。延续至今，"解冻"已被编造成"梅花组织保存了 17 兆亿美元中华资产"的天方夜谭，"炒作"品种从"蒋伪钞票"、假币"美钞四鹿纸"等扩展到外国废币、巨额美元假存单、伪造的取款信物，等等。

为数不少的人对此深信不疑，他们不惜倾家荡产疯狂追寻上述子虚乌有的"财富"。别有用心的人则设下重重骗局，从冠冕堂皇的"为企业融巨资"，到乡间不可见人的"国民党藏宝地库"，到大城市街道上的"平价兑美元"，受害人难以计数。

社会上出现的"民族资产解冻"的骗局主要有以下几种手法：

一、骗子们利用人们对历史和金融知识缺乏全面系统的了解，给"民族资产解冻"的骗局编造了一个个神秘的故事。什么"深山守宝人"、"藏宝图"等，骗术五花八门、荒诞不稽，甚至还加入周恩来、彭德怀、孙中山、李宗仁等人，利用人们对伟人的敬仰和信任，为"民族资产解冻"的可信度增加筹码。

二、骗子们利用人们对金钱和权力的渴望，捏造出巨额的财富，骗取人们的信任。一些骗子在行骗的过程中对外界谎称自己是解冻民族资产的负责人，是受党中央领导的委托指示，或者谎称自己是某中央高管的后裔、亲戚，事成之后，不仅封官还会给钱，还能得到"民族功臣"的封号。

三、伪造各种民族资产字样的票据、印章、存折等，对外号称是启动民族资产的凭证。骗子们利用普通老百姓很少接触外币，对外币的发展知之甚少的心理，拿出"1934 年版的美元"、"1922 年版德国马克"、"巴西币"、"关金券"、"金圆券"等所谓的信物，谎称是民族资产存在的凭证。有常识的人都会知道，"1922 年版德国马克"、"巴西币"等虽属真钞，但都已极度贬值，并且早就退出了流通领域。

更为恐怖的是，骗子们手中持有的币种数额都很惊人，动辄就是千亿美元、万亿美元。要知道，1970 年，美联储全球印制的货币储备量只有 800 亿美元，全世界唯一可以印制美元的合法机构是美联储，骗子们手中持有的万亿美元的票据是怎么来的？有金融常识的人一眼就能看出，当时全世界都没有那么多的美元。

四、伪造高官手谕、遗嘱、梅花令、身份证甚至国务院文件，捏造国家领导人表示肯定"解冻民族资产"、要求善待"民族资产保管员及老人"的讲话、批示等，然后利用假材料，大肆编造谎言，骗取不明真相的人们心甘情愿地拿出家产，投入到"伟大的解冻民族资产、振兴中华大业"中去。

从公安机关收缴的违法物品和材料中，除了有上述的虚假材料及物品外，被公安机关查获的还有"中美联合基金会"、"世界联合基金会"、"中华民国财政专用章"、"梅花总会专用章"、"国际梅花协会"、"中华民国国库"等钢印及一些伪造的国务院文件。

◪ 防骗关键点提示

只有了解了"民族资产解冻"的始末，才能从根本上杜绝不法分子的企图和野心。同时也提醒读者，要头脑清醒，明是非、懂常识，不要总是做发财梦。

第5天 5th day

收藏品投资骗局

中国有句老话，叫做"无巧不成书"。上班时 400 防骗热线转过来一位客户，咨询了一些关于收藏品投资的问题。查了一些案例后，跟同事探讨了几个比较典型的骗局。晚上回家随手打开电视，正巧赶上某频道法制节目在讲述一起收藏品投资的诈骗案。

节目曝光的案件中，受骗者是几位 70 多岁的老人。涉案公司是一家文化公司，以推销藏品并许诺高额返利实施诈骗。利用老年人不懂收藏却热衷投资理财的心理，该公司利用销售邮票、纪念钞等产品，许诺到期回购并高额返利为名，专门针对中老年人实施诈骗。经公安机关调查，该案涉及被害人多达 120 余人，涉案金额高达 900 余万元。

感叹巧合之余，也不由得心情沉重，近年来此类诈骗案件屡屡得手，受害者多数为上了年纪的老人，让人十分痛恨。今天，我们就来揭开这一类骗局的真实面目。

高价买藏品全部打水漂

2011 年 4 月，何先生接到某文化公司的电话，邀请他到公司看一看收藏产品，还有小礼品赠送。何先生到公司后，销售人员称其公司是做房地产的，老板有上百亿资产，在全国多个直辖市及省府设有公司，同时向何先生推销多款藏品，承诺到期回购并支付高额返利。

何先生本人并不懂收藏，只想搞点投资理财挣些钱。经销售人员推销，何先生花了1万余元先后购买了"中国历代古钱币"、"唐诗三百首邮票"等藏品。

半年后，该公司如约兑现了部分已到期藏品的高额返利承诺。但是在之后继续兑现时，便出了问题。该公司要求何先生购买其他收藏品追加投资。何先生考虑到自己已经赚了钱就不想再投资，销售人员称如不继续购买，返利的现金就必须通过公司老板审批后才能返还。

可随后该公司一再以老板经常出差，无法见到为由，拖延返现一事。遗憾的是，这些明显的诈骗迹象却并未引起何先生警惕，在此期间，何先生没有继续坚持索要返利，而是又再次刷卡购买了多款藏品。

结局可想而知，次年初，何先生再次前往该公司所在地时，发现早已人去楼空。直到此时，何先生才意识到自己受骗了，不到两年，他投资的30余万元全部打了水漂。

多年积蓄血本无归

再来看另外一位受骗者。孟女士是一位退休的老干部，这些年攒了一些积蓄，平时关注一些理财产品，希望能够为自己的晚年增添一份保障。孟女士平时对收藏有一些关注，喜欢看一些收藏鉴宝的节目。苦于始终不太懂收藏的知识，所以虽然很心动但一直没有做过收藏品投资。

2011年，她接到了某公司的销售电话，对方声称，其公司涉足的收藏品投资领域是国家支持的新兴文化产业，他们可以将一些有收藏价值的邮票和钱币抵押给顾客，从顾客那里拿到钱，然后炒作这些邮票和钱币，以达到双赢的目的。最让孟女士动心的，是该公司信誓旦旦地承诺：这种投资，三个月的回报率就超过10%，半年回报率大约30%至50%，一年以上的长期回报率能翻倍。

在如此高额回报率的诱惑之下，孟女士将自家20万元存款全部取出来投了进去，而从公司处得来的收藏品，连包装都未曾开启，就又寄回公司，委托其帮忙炒作变卖以获得高额回报，交钱拿到收据就认为买到超值的投资理财产品了。结果可想而知，20万元血本无归。

一文不值的伪劣"藏品"

那么，该类公司声称的具有极高收藏价值的藏品，究竟价值几何呢？结果让人大跌眼镜。

经过公安机关的调查得知，这些所谓的邮票、纪念钞等产品，都来源于北京某邮票市场及淘宝网，所谓的"唐诗三百首邮票"，进货价每版 20 ~ 30 多元，卖出价每版却在 55 元到 158 元不等。多么黑心的商家！

查找同类案例，诈骗手段如出一辙。他们从各种渠道采购廉价商品甚至伪造虚假藏品，通过电话或者网络等方式，将老年人作为主要目标，以高价收藏、转手获益为名，或者以承诺回购为名，骗取受害人的信任，从而骗得大量资财。

我们可以看一下此案中涉及的某文化公司在自营的网站上的简介：

"××文化中心经营面积1000多平方米，主要从事国家权威机构发行的邮票、钱币（含港澳及外币），金银币（章）、金银条、大铜章等极具投资性的藏品以及蕴含丰富的专题册、各种收藏类礼品等，在同行业享有收藏投资理财极高的品牌知名度，是首都为数不多的持有《经营流通人民币许可证》的合法经营企业。服务客户涉及机关部委、各驻京办，银行金融机构、教育院校等几十个不同行业群体。××文化中心坚持"以藏会友"的经营宗旨，以"藏品恒远价值塑造公司品牌"为口号，致力于打造极富价值的收藏投资品，并为广大藏品爱好者提供鉴赏、交流的场所。凭借全体员工的共同努力，××文化中心已经建立了完善的藏品交易服务平台，在社会上赢得良好声誉。"

对于判断能力较弱的老年人，以上的文字，的确是非常"高大上"的幌子，既有国家机关办法的合法经营许可证，又有机关部委、银行机构的合作关系，还有社会上的"良好声誉"，充分博取了老年人的信任。

司法机关的判决

经过审理，一审法院对该公司法人代表王某、总经理李某等 7 人涉嫌集资诈骗罪、非法吸收公众存款罪进行了判决。判处王某犯集资诈骗罪，判处有期徒刑

15年，并处罚金人民币50万元；李某犯集资诈骗罪，判处有期徒刑12年，并处罚金人民币20万元；其他参与诈骗的人均获刑不等。

法院认定，相关证据证明王某、李某作为该公司的股东和实际经营管理者，共同设计非法集资模式，通过培训等方式授意员工通过电话、短信等途径向社会公开宣传，以销售邮票、纪念币等收藏品为名，口头承诺到期加价回购，到期后通过拖延、补款换购等手段拒绝回购，达到骗取被害人钱款的目的，构成集资诈骗罪。

相关新闻曝出后，在新闻的评论中，居然还能看到如下的评论，让人思之极恐：

——"他们不是骗子，是一家专业的收藏投资机构。他们有经营流通人民币许可证。地方差不多400多平方米，主要他们做的东西都是精品，价值挺高。"

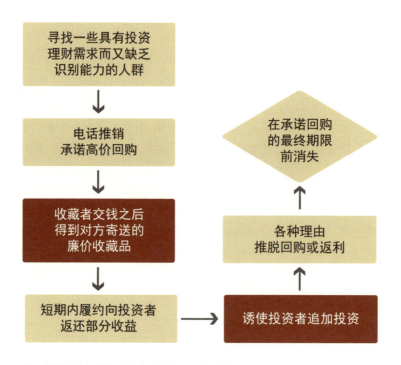

注：图中红色标注部分是该类案例的关键环节

收藏是一门复杂、高深的学问，也正因为如此，近些年来有太多人因为缺乏收藏的知识却又觊觎收藏品投资的高额收益，尤其是一些警惕性不高的老年人，轻而易举的将钱给了骗子，多年积蓄付之东流。这一类骗局其实有几个很明显的特征，如果能耐心做个分析，就能避免上当受骗了。

第一，如果某些人或者企业机构向您推销的不是市场上流通的、常见的有标准化价值的产品，或者是没有国家权威机构评审、认证的具备可量化价值的产品，这个时候就需要格外小心了。收藏品、艺术品都属于这一类。收藏品和艺术品在市场上的价值，一直都是最难以界定的，其价值会受到太多因素的影响，上下浮动有非常大的空间。同时，由于绝大多数人是缺乏收藏品或艺术品的鉴别能力的，对于其价值的判断非常困难，在这种前提下，一些心怀不轨的人就有了很大的空间，通过种种手段让人上当受骗。所以，投资理财的时候在这个领域一定要慎之又慎。

第二，从法律的角度上看，任何机构或个人，在向他人出售产品的时候，都只能是单纯的售出行为，而绝不允许承诺以高于售出价的价格回收，否则，就涉嫌非法集资。任何借口的售出后承诺高价回收，都是违法的。本案中，当涉案公司向购买其藏品的客户承诺将高价回收时，客户受鼓动后的购买行为，并非基于对产品本身价值的认可，而是一种投机行为。如此一来，该交易行为就已经构成了违法犯罪。目前社会上出现了很多形式的众筹，在很多类众筹活动中，经常会出现众筹方以各种形式向购买者承诺回购。同理，这一类行为，也是没有法律保障的。

此外，本案中，涉案公司向客户兜售的产品，实际上已经不是单纯的产品销售了，客户购买的其实是一个可以升值的理财产品，本质上，是一种理财投资。理财投资是一种金融行为，而在现有的法律法规体系下，金融行为都是需要行政许可以及到相关主管部门取得相应的金融牌照，很显然，一家文化公司不具备从事金融业务的资质，变相的金融行为会触碰法律的底线，"擦边球"打得不好就是违法了。

近些年来，无论是传统媒体，还是民间行为，收藏已经成为一种火热的投资理财方式。越来越多的人热衷于此，但正因为如此，投资者越是需要冷静，稍有不慎，就会掉入商家设计的陷阱。

◪ 防骗关键点提示

当投资的标的是一种难以衡量价值的产品，投资风险就会成几何倍数的增长，还是不要轻易入手为妙。

金融资产投资类骗局

第6天 6th day

虚拟货币类投资的风险陷阱

近年来以比特币为代表的数字货币作为虚拟货币的一种，在全世界范围流行起来。虚拟货币并非真实的货币，而是存在于网络或计算机中的一种无形货币。在虚拟市场跟现实市场有链接的情况下，虚拟货币有其现实价值，可以用于购买商品及服务。

在虚拟货币玩家圈中广泛流传着一句话："比特金、莱特银、无限铜、便士铝。"比特币是一种数字货币，主要用于互联网金融投资，是如今市场比较有公信力的虚拟货币之一。然而我们今天要说的并不是比特币，而是一件打着虚拟货币的名头精心设计的传销骗局。

2015 年，国内某位著名曲艺界明星，也被卷入了这场虚拟货币引发的风波中，这次风波的焦点，是一款名为"珍宝币"的虚拟货币。

一家在美国注册的企业，利用一种名为"珍宝币"的虚拟货币以传销的方式来欺骗投资者。而这位明星的照片出现在相关机构宣传"珍宝币"的宣传册上，成为他们宣传"珍宝币"的材料。该明星极力划清和"珍宝币"的界限，却依然被卷入这场涉嫌诈骗的诉讼案中。

"珍宝币"是什么

"珍宝币"宣称是一种虚拟货币,由美国富豪集团(公司英文简称:USFIA)于2014年9月1日开始对外发行。据称,"珍宝币"是美国政府认定的合法虚拟货币,并由加州政府指定的虚拟货币发行商,其价值由美国投资联盟集团(公司英文简称:AFG)在全球所产出的宝石矿石作为支撑。投资者购买了"珍宝币",也就意味着投资了AFG集团公司下面的矿山。

支撑"珍宝币"价值的宝石,包括多米尼加国石、多米尼加海纹石等。USFIA集团表示这些宝石产量稀少、价值不菲,主要矿源都被美国富豪基金垄断。

"珍宝币"和矿石等价发行与销售,但"珍宝币"的投资者可以以一半的价格购得同等价值的矿石。根据USFIA集团的宣传资料,该集团每销售8万美元宝石,"珍宝币"的价格便上涨0.0001美元。"珍宝币"仅仅发行一年,单价就从发行时的0.05美元上涨到0.31美元,上涨了500%。按照宣传的数据来看,"珍宝币"未来很有可能像比特币一样有个疯狂增值的过程。

一位"珍宝币"较高级别的卖家蒋某说:"我们的交易平台是比特币的技术团队开发的,但比它们先进,是比特币的2.0版本,不容易被黑客攻击。"蒋某提供的关于"珍宝币"投资的简介显示,目前只有珍宝币、比特币和万事达币是"真正合法的数字加密资产"。

起底美国投资联盟集团

"珍宝币"被宣传为具有广泛的流通性,主要是依靠AFG集团在世界各地的宝石矿产支撑的。AFG集团是2002年11月在美国特拉华州注册成立的一家跨国企业,总部位于加利福尼亚州的洛杉矶。

该公司从成立伊始,就显现出其十分"特殊"的地方,在公司注册的特拉华州的州务卿网站上可以查询到,AFG集团设立时章程确认了公司未来可以发放的股份仅仅有100股,按照法律的限制,预示这家公司未来不可能具备上市或进行股权并购的可能性。

由于在公司设立的时候，章程中规定的股份数量是可以随意编写的，大部分美国公司都会在公司设立时设定超级多的股份数量，用于未来的发展和分配。

而该公司这种设立股份的方式，不得不让人猜测，其起步阶段的章程可能是由不具备最基础法人治理结构知识的人员撰写的，由此才可能出现如此漏洞。

AFG 集团在网上能够找到的资料显示，该公司的经营项目包括，"金融、房地产基金、房地产、矿业（宝石类）、拍卖、通讯、生物技术及航空设备器材等领域的投资"。业务范围遍布北美洲、南美洲、欧洲、亚洲和大洋洲。

AFG 集团对外的宣传资料也表明其在全球的总资产高达 500 多亿美元，是十分著名的跨国型企业。但根据官方渠道的信息，该公司的运行并不规范。

在美国特拉华州的州务卿网站上可以清晰地看到，AFG 集团的纳税情况一直有重大问题，该公司从 2002 年成立后，仅仅缴纳过两次税款：第一次是刚成立时，第二次是 2012 年由于欠税，被州务卿网站列为"VOID"（指该公司在一年或以上时间未付年税）后，为了转出"VOID"状态，而补交了前十年的欠税款。但是，从 2012 年以后，AFG 集团再也没有进行过合法纳税，因此，再次被特拉华州的州务卿网站标注为"VOID"的法律状态。

如果 AFG 集团真的是实力雄厚的国际著名公司，怎么可能在注册的时候就出现十分幼稚的股份设计错误？怎么连最起码的年度报税都不能做到？"珍宝币"的投资人在做公司背景调研的时候，没有认真查询和审核这些疑问（大部分甚至没有进行必要的基础背景调查），才导致了之后被骗悲剧的发生。

"珍宝币"骗局曝光

尽管 AFG 集团的官方网站号称其具有显赫身价，但是该集团真的著名还是由于它旗下的 USFIA 集团。直至 2014 年 9 月份，USFIA 集团被美国政府查封之前，都很难在美国乃至全世界的各种官方媒体上发现 AFG 集团的踪迹。

2015 年 10 月份，USFIA 集团被查封后，被骗投资人在美国进行集体诉讼。AFG 集团才正式通过新闻报道的方式，出现在中国社会大众的面前。

USFIA 集团成立于 2010 年，这家隶属于 AFG 集团的子公司，在"珍宝币"骗局中扮演着真正关键的"主角"。而在背后全程操作的是美籍华人陈某。

陈某出生在北京，1993 年由于非法集资案发携款潜逃美国，以政治庇护的名义获得了美国绿卡，最终通过非正常手段加入了美国国籍。

成功移民美国的陈某，在 2004 年担任美国安旗公司的总裁。三年后，陈某却被该公司的受骗者告上了美国法院，最终使用了庭外和解的方式，陈某才又一次避免了自己的牢狱之灾。2008 年，陈某担任 AFG 集团总裁。2012 年，陈某开始担任 AFG 集团下属的 USFIA 集团总裁。

公开资料显示 USFIA 集团总部位于洛杉矶，中文名几经更换。该公司刚成立时是一家从事琥珀等产品销售的企业。

随着 USFIA 改中文名为"美洲矿业"，业务描述也更换为"集宝石开采、设计加工、销售于一体的专业化跨国珠宝集团"。此时，该集团更改销售营收方式，开始发售股份并进军中国市场。开始是发售股份送琥珀，后来改成销售琥珀送股份。短短几个月，"美洲矿业"敛财几十亿美元之巨。

2014 年下半年，USFIA 更中文名为"美国富豪集团"。该集团不再发行新股，取而代之发行虚拟货币"珍宝币"。

"珍宝币"最开始的时候只是 Unit（积分），根据 USFIA 集团的宣传，这种积分两个月后就可在网上交易了，而且 USFIA 集团 6 个月后就可上市。不仅如此，集团负责人陈某还表示有投资移民的名额可以奖励给做的好的投资者，这对于投资者来说诱惑更大。

可是，两个月后所谓的网上交易没有兑现，一拖再拖，半年后的"上市"也再无消息。而投资移民的名额最终也不过是另一个骗局。

据知情人士介绍，"珍宝币"的发售只是为了缓解公司资金的压力。2014 年初，因为资金链断裂，公司负责人陈某提出了一个设想，要发售数字货币，也就是后来的"珍宝币"。这位知情人士表示发行数字货币需要一定的市场，他觉得

公司当时并不具备这种条件。

2015 年 9 月 29 日，"珍宝币"涉嫌传销诈骗，违犯证券法，USFIA 集团接受美国政府和司法机构联合调查。其名下的公司和银行账户被美国法院查封，资产被冻结，美国 SEC 提起民事诉讼，美国 FBI 收集证据拟提交地方检察官提起刑事诉讼。

一位参与对 USFIA 集团集体诉讼的律师表示，"珍宝币"本身并不合法。美国法案是说虚拟货币合法，而"珍宝币"只是利用该法案偷换概念。

"珍宝币"投资的真实面目

和大多数虚拟币投资一样，"珍宝币"投资的方式，是传销中最为常见的一种——金字塔销售。

USFIA 集团一直宣称，"珍宝币"的运作模式是直销，可是通过"珍宝币"在网上宣传的资料很容易看出金字塔的传销模式。按照宣传资料中提到的"珍宝币奖金制度"，会员注册成为"经销商"后，除了按照销售业绩得到销售奖，还可以得到互助奖。一位"珍宝币"的销售者说，发展一个朋友投资 10000 美金，可获得 7.5% 的提成；如果发展的人数达到两位数，就会再得到一个互助奖。

"珍宝币"的投资还有一个永续消费奖，符合条件的投资者，可以获得其直系组织内十二代永续消费奖金。各代奖金比例："第一代 20%，第二至六代的 10%；第七至十二代的 5%。"

除此之外，"珍宝币"一直没有真正意义上的交易，它的价格是由该公司售出的琥珀的数量决定。该公司每卖出 8 万美元琥珀，"珍宝币"的"价格"就增加 0.0001 美元。该公司说的是发行"珍宝币"，实际上是销售琥珀。购买者花了钱，以为自己得到了"珍宝币"，但实际得到的是琥珀。

不仅如此，USFIA 集团从"投资者"那里收进上千美元甚至几十万美元，却没有发给"投资者"任何股份证书甚至收据。该公司向"投资者"出售的琥珀，经检验，价值不及公司所宣传价值的十分之一，这也是一种欺诈行为。

虚拟货币要想有公信力，必须在全球同一个区块链的系统中产生交易，信息需要公开，而"珍宝币"没有自己的区块链。USFIA集团几乎是点石成金，一纸"官宣"就将原来的"投资"股份变成了虚拟货币"珍宝币"，该公司的"珍宝币"不是传统意义上人们所理解的虚拟货币。

"珍宝币"虚假宣传误导公众

根据宣传资料，USFIA的控股方，除了上文的AFG集团还有"中美政治协商促进会"。USFIA集团的负责人陈某吹嘘，该"促进会"与中国驻美国大使馆的级别相同。

在中国任何政府部门都查不到该促进会相关资料，而加州州务卿网站的资料显示，该促进会已经解散，任何以其名义进行的商业活动都是非法行为。

USFIA集团的这种行为，显然是一种虚假宣传。而"珍宝币"在宣传方面有意误导公众的行为还有很多。

该公司表示，"根据美国加州2014年6月28日通过的第129号法案，在美国加州，电子货币、积分、抵用券、Gemcoin"珍宝币"的流通已经完全合法"。然而，第129号法案使虚拟货币成为合法货币不等于说任何自称为虚拟货币的"币"就是合法货币，更没有说"珍宝币"是合法货币，这是使用障眼法来误导公众。

USFIA集团表示，"珍宝币"由AFG集团在全球所产出的宝石矿石作为支撑。一个销售琥珀等产品的销售公司，怎么变成了拥有矿业的制造公司？

为了证明上述矿藏，陈某还对后来的投资人提供了用西班牙文写的两页文件以作证明。很可惜薄薄的两页纸是无法证明USFIA集团或是AFG集团拥有那些所谓的矿产。

除此之外，USFIA集团还利用了名人效应，它利用国内知名的公众人物进行宣传，造成极大的社会影响。中国投资人在这场传销骗局中损失惨重。

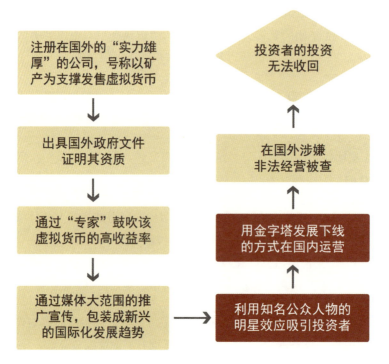

注：图中红色标注部分是该类案例的关键环节

虚拟货币是互联网经济发展的产物，比特币、无限币、克拉币、石油币、暗黑币等都是这些年流行的虚拟货币。但是很多虚拟货币最终却难逃骗局的命运，"珍宝币"作为一个虚拟货币骗局，除了利用高大上的"美国集团"的噱头和所谓的在国际上拥有矿产的西班牙文文件，以及传统的金字塔骗局形式，并没有什么新的东西。

"珍宝币"没有比特币一样的国际交易市场，没有同比特币一样的国际上的算法和"挖矿"的机制，所以不像比特币一样常年有生存的空间。识别"珍宝币"的骗局其实并不困难：

首先，虚拟货币在中国是不合法的。根据相关的法律规定，我们可以了解到，现今存在的各种虚拟货币在中国都得不到法律支持。在国际范围内，也没有明确的法律规定虚拟货币合法。而文中"珍宝币"的发行企业所提到的 AB-129 法案，并不意味虚拟货币在美国是合法存在的，美国每个州都有自己的法律，州法律并不能在整个美国通行。

文中"珍宝币"所谓的法律支撑文件大部分是虚构出来的，而"珍宝币"宣传的背景资料也都是伪造的。不管是登陆"珍宝币"美国总部的官网、在中国的官网等相关网站查询，还是调查实际控制人的背景资料，都会发现全是虚构的，其宣传的矿产也是不存在的。

其次，USFIA 集团没有和"珍宝币"购买者签署相关的法律文件。USFIA 集团宣称购买"珍宝币"的各种利益都没有签署合同，只是没有意义的承诺。投资者的利益没有任何法律的保障，这也是"珍宝币"所承诺的收益一直没有兑现的原因之一。

最后，"珍宝币"在宣传过程中，虚假宣传误导投资者。各种高大上的虚假宣传，把"珍宝币"包装成很有投资价值的虚拟货币，但在调查的过程中，这些宣传都是夸大且有明显欺骗性的。"珍宝币"在宣传的过程中还利用了名人效应，利用知名的公众人物进行宣传，在欲望驱使下的投资者很容易被这些宣传误导，上当受骗。

除此之外，虚拟货币永远也不能成为真正的货币。货币产生的三个条件：要有交换价值和使用价值；要有国家的税收和信用做保证；当货币出现了问题或价值不平等时，国家的法律保证货币持有人具有的资产价值。"珍宝币"和所有的虚拟货币一样都不符合货币的基本特征。

◤ 防骗关键点提示

在中国，任何一种虚拟货币都是不合法的。投资虚拟货币是违法行为，一定要敬而远之。

第7天 7th day

外汇交易类投资骗局

　　刚刚进入 12 月，圣诞节的气氛就已经扑面而来，各种各样的圣诞树和精美的圣诞礼品将整座城市装点一新。在这个世界上每一个角落都在为之狂欢的节日前夕，还有一个苦难的群体，他们深陷于投资陷阱，多年积蓄血本无归……

　　事情发生在 2014 年 11 月底，李某被"TH 集团"的赠金政策所吸引，开始炒外汇。好景不长，就在 2014 年 11 月下旬，他的资金无法提现，被锁住的资金多达 20 万元。2014 年 12 月，李某与众多的受害者一起报警，希望能讨回一个公正的说法。

　　其实在听李某的受害经历之前，普华商学院 400 防骗热线就已经陆续接到了一些"TH 集团"案件受害者的电话。他们有的投进去自己毕生的积蓄，有的投进去买房首付的钱，有的花光了子女给的养老金……似乎每一个受害的家庭都有难以说尽的故事。

　　外汇交易门槛高、难度大、收益高，当然风险也大。外汇市场作为一个国际性的资本投机市场，它的历史要比股票、黄金、期货、利息市场短很多，然而，它却以惊人的速度发展，规模远超股票、期货等其他金融商品市场，摇身一变成为全球最大的市场。近几年，随着中国金融市场对外开放的步伐加快，越来越多的中国老百姓青睐于外汇理财。然而，面对如此规模庞大的资金流动，一个未受监管的外汇交易市场太容易滋生出各种各样的诈骗……我们希望李某们能等来一个好的处理结果，也希望国内的外汇市场能够更加规范化、良性的发展。

"赠金政策"——充满犯罪与诱惑的罂粟

资料显示，"TH集团"总部位于塞浦路斯，隶属于一家始建于1972年的国际金融服务集团，是一家主要从事外汇、差价合约（CFDs）、美国／英国股票、商品期货和贵金属的全球在线交易经纪商。

"TH集团"最初在2010年开始运营，与众多交易经纪商不同，"TH"采取了做市商模式，凭借该模式，该集团迅速在全球设立了27个分支机构，为散户、机构客户提供外汇、贵金属、商品、股票的在线交易服务。截至2014年9月底的一年中，"TH"全球总客户数为34.5万个，在线活跃客户数为2万个，月均交易额为3000亿美元。当时，"TH"市场估值达8亿美元，甚至超过了美国零售外汇排名第二的Gain Capital。

"TH集团"的强势崛起，源于其"赠金"模式。客户投入一定数量的资金可以获得一定比例的赠金，这是很多汇商惯用的策略，"TH集团"将其发挥得淋漓尽致。多数交易商的"赠金"使用规则是"赠金"只能以信用额的方式在客户本金亏损完之后才能承担亏损；"TH集团"的"赠金"使用规则是"赠金"能够直接以一定比例承担客户的亏损。

"TH集团"的"赠金政策"迅速吸引了大量的客户，为公司初期的稳健发展打下了基础。但在发展中，道路却发生了偏差，随着客户群体的扩大和成熟，越来越多的客户慢慢地发现对冲（主要指外部对冲）套利这种更为简便快捷的套利方式。我们把这群聪明的客户叫做套利者。

螳螂捕蝉，黄雀在后

套利的方法很简单，用10000美元在"TH集团"开户，然后用20000美元去正规平台，比如福汇（在国内也有对赌成分），或者盈透、LMAX开设真正的外汇交易账户。因为"TH集团"的赠金策略，两个账户上都有20000美元。找一个投资标的，比如欧元、黄金或者英镑，随便哪种。一边重手做空，一边重手做多。为了简化问题，我们不考虑交易成本。一个账户必然爆仓，另一个账户此时的净值一定翻番，也就是40000美元。套利者无需知道价格的方向，要么在"TH集团"

变成 40000 美元，扣除 10000 美元的赠金，还有 30000 美元。要么在正规账户上有 40000 美元现金，"TH 集团"爆仓。前者不赚不亏（交易成本另算是亏损的），后者可以白赚 10000 美元。套利者们考虑的是最好能不在"TH 集团"的账户赚钱，否则这次就白做了。如果套利者们在"TH 集团"的手数略重，就能完美解决这个问题。

这种套利行为一发而不可收拾，很快，"TH 集团"意识到漏洞所在，他们不停修改的赠金使用条款的免责声明中，反复强调"保留对滥用政策者收回本金的权力"。

对"TH 集团"来说，如果套利者的资金量增长速度低于一个特定比率，同时"TH 集团"的业务扩展速度高于一个特定比率，"TH 集团"才有可能实现盈亏平衡。"TH 集团"规定"如果'TH 集团'怀疑或有理由相信客户通过内部或外部对冲其头寸而滥用本优惠条款和条件，'TH 集团'保留不经客户同意立即从其交易账户或从其盈利的对冲账户提取奖金的权力"。

但由于获利盘太多，公司内部的人和套利者甚至有了利益捆绑，因此遏制难以真正实施。一名知情人士指出，"高赠金方案导致'TH 集团'中国区管理层内部怂恿代理商进行平台内部套利，使'TH 集团'总部收到的中国区入金量掺杂很多水分。最后，当管理层知道内幕后又想摆脱自身的责任，只好限制出金卡对冲，并且不再承认中国办事处的业务"。

2014 年末，中国区大量投资者资金被"TH"以违规套利为由锁住，无法提现致代理商集体倒戈，据估算金额达数千万美元。2015 年 8 月 6 日，塞浦路斯证交会（CySEC）宣布针对外汇经纪商"TH 集团"可能存在的违法行为展开调查。

无独有偶，全球其他国家监管机构也对"TH 集团"发出警告。

2014 年 3 月，"TH 集团"被哥伦比亚金融监管局（SFC）指控，原因也是其在没有获得监管的情况下，在哥伦比亚市场运营并进行市场营销。

2015 年 7 月 21 日，"TH 集团"新西兰 FSP 监管牌照被注销。

2015 年 8 月，巴西证券交易委员会（CVM）公开对"TH 集团"发出警告。CVM

提醒投资者，"TH集团"并未在当地获得监管牌照，CVM特别要求"TH集团"禁止巴西地区所有IP地址访问其官网或者登录页面。

2015年9月17日，匈牙利央行在官方公告中称，该行已经收到75位本国居民的投诉，他们向TH集团申请出金后，该公司没有做出任何受理及支付行动，即投资者无法拿到投资资金。

平台人为操纵，投资者维权困难

国家外汇管理局上海分局曾对媒体表示："擅自从事外汇按金交易的双方权益不受法律保护，组织和参与这种交易，属于非法经营外汇业务和私自买卖外汇行为。"

虽然我国并不允许开展个人投资保证金业务，但该类业务却在我国多个城市悄然展开。据媒体报道，我国该类平台的数量不下千家，多通过开设办事处发展代理人介绍炒家，通过在平台注册账户，国内开户、境外汇款操作。

媒体曝光，这类声称受到英国、新西兰、澳大利亚、塞浦路斯、美国期货业协会监管的平台，实际上是后台可以人为操纵的黑平台。一位该类平台的代理人曾向媒体提供过这样一段视频：一家自称受澳洲监管的海外平台，工作人员正在展示如何操控该平台的投资者账户。通过"修改或删除订单"按钮，可以随意更改一名投资者自设的黄金止损价和获利价。该代理人指出，投资者在该类平台亏损的资金最后都进了平台自身账户，从未流入国际市场。他表示，目前中国市场上的此类平台约有90%被人为控制，平台可以随意操纵投资者的账户。

由于处于监管的灰色区，TH平台的受害者在国内并不受法律的保护，大批受害者只能远赴"TH集团"总部所在地塞浦路斯起诉。

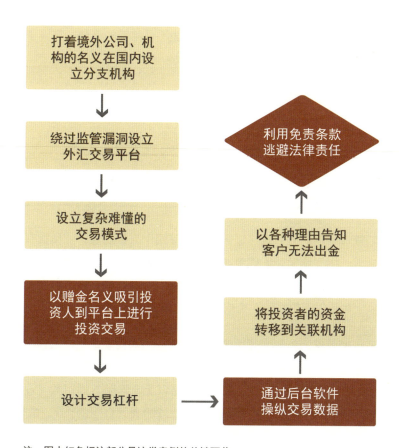

注：图中红色标注部分是该类案例的关键环节

随着国际化步伐的加快，外汇投资已成为越来越多的中国投资者的选择，外汇公司也如雨后春笋般进入了中国外汇投资者的视线。许多类似"TH集团"的外汇交易平台正在中国大肆招揽投资者，但这些不受监管的平台，充满了风险与陷阱。

投资者在看外汇交易商时，不要在意其总公司在哪里，实力如何，要专注于考虑外汇交易商本身受不受监管。有时候骗子是头戴光环而来，有时候是身披合法的外衣出现。而法律可以给我们一双明辨是非的眼睛。

《外汇管理条例》第六章《监督管理》第三十八条规定："任何单位和个人都有权举报外汇违法行为。"

《外汇管理条例》第七章《法律责任》第四十五条规定："私自买卖外汇、变相买卖外汇、倒买倒卖外汇或者非法介绍买卖外汇数额较大的，由外汇管理机关给予警告，没收违法所得，处违法金额30%以下的罚款；情节严重的，处违法金额30%以上等值以下的罚款；构成犯罪的，依法追究刑事责任。"

《外汇管理条例》第七章《法律责任》第四十六条规定："未经批准擅自经营结汇、售汇业务的，由外汇管理机关责令改正，有违法所得的，没收违法所得，违法所得50万元以上的，并处违法所得1倍以上5倍以下的罚款；没有违法所得或者违法所得不足50万元的，处50万元以上200万元以下的罚款；情节严重的，由有关主管部门责令停业整顿或者吊销业务许可证；构成犯罪的，依法追究刑事责任。未经批准经营结汇、售汇业务以外的其他外汇业务的，由外汇管理机关或者金融业监督管理机构依照前款规定予以处罚。"

外汇交易巨大的市场空间给了骗子们可乘之机。贪婪是投资大忌，而冲着高额赠金去的投资者，本来就已经犯了大忌，即便在这里不吃亏，早晚也会在别的地方吃亏。

投资者要做某种投资，请先搞懂它。知己知彼，才能百战不殆。无论是股票、债券、基金还是外汇、原油、黄金，如果你不懂，你就是在给别人送钱。因为不懂，所以遇到能赚钱的"美好"事件才会轻易掉进陷阱。

普华在线提醒您：识别骗子公司，其实不难。第一，查看该机构或个人在中华人民共和国境内有无依法设置的准入机制，没有机制就是违法犯罪。第二，查看监管机构的资格证明和资金监管的托管方式。第三，查看该机构是否有正规的合同、法律等文件。第四，查看该机构资金出入的便捷程度。第五，现场考察，或向专家咨询。

除此之外，外汇交易行情中的顶部陷阱也不能忽视。从规避风险的角度去分析，经济形势趋向恶劣时，应早作退市准备。汇价反弹未达前期制高点或成交无量达前期高点时，不宜留着该只外汇。外汇交易中行情不可能只朝着一个方向发展，投资者应掌握主动权，不要贪婪一时，或是中了骗子下的圈套，得不偿失。

能够理性地分析，拥有良好的心态，整合行业资源信息，处事不惊地把握稳定的利润，是投资者需要学习的地方。

◤ 防骗关键点提示

擅自从事外汇按金交易不受我国法律保护，组织和参与这种交易，属于非法经营外汇业务和私自买卖外汇行为。

第8天 8th day

原始股投资骗局

　　这段时期以来，多名投资者拨打我们的普华商学院 400 防骗热线，向我们讲述他们购买原始股，从一夜暴富的美梦骤然深陷噩梦惊魂乃至血本无归的经历。看来"原始股等于暴利"这样的观念已经深入人心。

　　原始股可以说是个神话。我国股市发行初期，在一级市场上以发行价向社会公开发行的企业股票，待企业日后上市可能会涨到数十倍，若资金实力雄厚，购得数十万股，上市后的利润便相当可观了。

　　2015 年 3 月，李克强总理在政府工作报告中提出"大众创新、万众创业"后，全国范围内爆发了大规模创业热潮。而"钱"却成了大众创业的最大难题。为此，国务院特别出台了相关措施，鼓励全社会投资创业，这也使得全民都能有机会成为天使投资人。

　　而随着"人无股权不富"的理论不断在资本市场得到验证，全民开启了一个疯狂追逐"原始股"的时代，骗子公司和不法中介正是利用了投资人想迅速发财致富的心理，合伙制造原始股骗局引人上钩。

　　今天，我们通过对几件被媒体曝光的典型案例的分析盘点，帮广大投资者认清原始股骗局的真相。

某能源公司诱骗投资者购买原始股

原始股缔造了诸多暴富"神话"，比如平安集团的上市，一夜间造出数百名千万富翁。面对原始股高收益的诱惑，难免激起投资者一夜暴富的憧憬。而一些不法之徒恰恰是利用了投资者们的贪婪心理。

2005 年 7 月 1 日，涉案人张某注册成立了一家投资有限公司，经营范围是股权转让咨询，从事房地产业、医药业等方面的投资。在公司经营期间，张某、王某、蔡某图谋要在美国纳斯达克的 OTCBB（场外电子柜台交易系统）挂牌，张某以自然人的身份入股了蔡某在香港的公司——"某环保集团"，张某、王某、蔡某各占 31%、25% 和 30% 的股份，并用三个身份证假设了三个股东。2006 年 10 月，张某等人将"某环保集团"改名为"某能源公司"，并在香港注册登记。同年 11 月，张某在哈尔滨市成立了"某实业发展有限公司"，经营范围为能源开发、生产麦饭石滤料等。

2007 年 3 月，在未经证监部门批准的情况下，"某实业发展有限公司"雇佣四五十名业务员在公司地下室作业。业务员们以随机拨打号段的形式劝诱"接听者"购买"某能源股票"，对外宣称"某能源股"是高额回报，只要投资人跟随公司一年左右的时间，就能得到一到五倍的回报。同时承诺公司若不上市，将以每股 4.8 元的价格回购原始股票。

通过精心的设局，"某实业发展有限公司"一步步把发财的梦想推销出去，一旦成交，购买者得到的只是一张号称在香港制作的股权证。

警方掌握的资料显示，"某实业发展有限公司"业务员向客户推销的"中国能源股"实际价格不等，价位由他们自己制定。收到"入股钱"后，公司只收取每股 1.9 元，其余为各级管理及业务人员的提成。短短几个月时间，"某实业发展有限公司"成功发行 300 多万股能源股票，擅自发行地区涉及黑龙江、吉林、北京、青岛等十多个省市，发行资金达到 1000 多万元人民币。

警方调查发现，该公司自 2006 年注册成立以来并没有像其宣传中所说的收购任何一家煤矿，也没有一分钱的实际营业额。

高回报作诱饵骗取 2 亿元投资款

"某环保科技发展有限公司"成立于 2013 年，是由"ML 国际投资集团"投资控股的环保高新技术企业。公司总部位于上海市，注册资本 3000 万元人民币。该公司主要从事节能减排和新兴能源行业。

2014 年，该环保科技发展有限公司在上海股权托管交易中心核准挂牌，凭借区域股权交易市场的平台，该公司成功完成"信用背书"后，便对外宣称自己是"上市公司"。2014 年 8 月，该环保科技发展有限公司在郑州召开"定向增资扩股河南首发"发布会，宣称是国内一家专注于垃圾发电和生产再生煤的领先企业，投资遍布江浙沪等省市，已建及在建项目共计 14 个，并于当年 5 月在上海股权托管交易中心完成挂牌上市。

该公司的负责人在会上称，公司已获省内某相关职能部门的"背书"，将在省内十余座城市新建垃圾处理项目，而此轮定增，其资金主要用于上述项目的落地。

"上市公司定增、职能部门背书、大手笔投资……" 相比这些名头，让投资者更受刺激的是"原始股受让"。该公司提出的收益方案是：以 4 个自然月为期限，逐月按 4 分息支付。同时提出"原始股投资"年化收益率为 48%。

通过宣传造势，不少投资者以为这是一家很有潜力的"绩优股"企业。很快，该公司就融资了两亿多元资金，涉及上千名投资者。然而因为原始股没有流通性，一个月后该公司就发生了收益兑付危机，而两个月后，该公司便"人去楼空"，上千名投资者的投资就这样打水漂了。

某健康产业集团 1 元原始股遭疯抢

在不少投资者的心中，"原始股"是一条通往财富的道路。然而，这条通往财富的路也成了投资者们血本无归的路。

山东某健康产业集团是一家黑大蒜深加工并形成系列化品牌的高科技股份制公司，集团旗下有四家实体子公司，还有一家电子商务有限公司。2015 年 4 月，集团旗下的某电子商务有限公司成功在上海股权托管交易中心 Q 板挂牌，2015 年 10 月该公司开始售卖原始股。

为扩大宣传效果，2015 年 12 月，山东某健康产业集团举行了股份股权说明仪式，该公司的销售人员称："原始股并不只针对本公司的员工，社会人员也可以随便买，一元一股，你想买多少就买多少，等公司上市以后会高价回购，到时候就能赚钱了。"据媒体报道："当日在限量抢购该公司原始股份环节，参会者像买菜一样争相刷卡认购，拥挤场面堪比春运时的火车站。"

一名投资者在咨询该公司原始股股权事宜时，该公司的销售人员表示："投资人只需要携带身份证和股权购买金就可直接到公司购买，目前是一元一股，购买完成后，会得到相应的股权证和发票，"据媒体报道，当日已有不少经销商拿到了股权证。

事实上，各地区域股权交易市场的挂牌企业呈现几何式增长，部分企业也开始借此变相承诺"上市"预期，并公开售卖原始股。针对原始股频频遭疯抢的现象，不仅监管部门认为其违规，而业内多指其涉嫌非法集资。

一名长期扶持四板企业的资本集团高层认为，"原始股"骗局是一种典型的涉众型违法犯罪活动，北方企业比较集中，目前，随着公众对"四板"的认知度足，部分企业挂牌"四板"后，即开启了原始股的融资模式，因为存在职能部门背书，所以防不胜防。

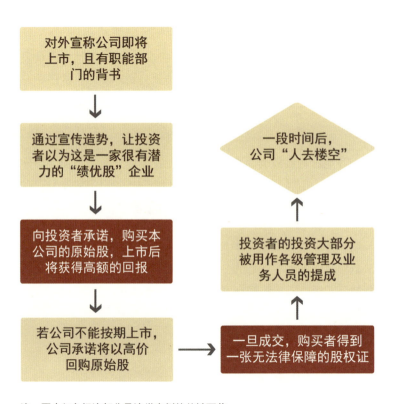

对外宣称公司即将
上市，且有职能部
门的背书

通过宣传造势，让投资
者以为这是一家很有潜
力的"绩优股"企业

向投资者承诺，购买本
公司的原始股，上市后
将获得高额的回报

若公司不能按期上市，
公司承诺将以高价
回购原始股

一旦成交，购买者得到
一张无法律保障的股权证

投资者的投资大部分
被用作各级管理及业
务人员的提成

一段时间后，
公司"人去楼空"

注：图中红色标注部分是该类案例的关键环节

首先我们来看什么是原始股，原始股是指公司上市之前发行，可在上市一段时期后售出的股票。

那么谁会拥有原始股呢？一般来讲，原始股只属于公司的创始团队和公司高管。外人要想拥有原始股，只能通过"增发"等方式获得，而这种增发是私募性质的，一般只面对少量的（不超过10名）和公司有特殊关系的人群，例如合作伙伴、供应商等。

所以，普通老百姓不可能拥有合法的原始股。而通过电话、门店销售人员、网络等渠道向老百姓公开销售"原始股"，实际上本身就违反了证券法"不得变相公开发行股票"的规定。即使花钱买到所谓原始股，也属于私下转让，并不受法律保护，倘若企业不能如期上市登陆资本市场，所谓的"原始股"便如同一张空头支票，你花钱买到的所谓"股权凭证"就是一张废纸。

当然，一般老百姓并不是完全没有投资股票的渠道。在我国，投资者只有在上海证券交易所、深圳证券交易所以及承担新三板交易结算的全国中小企业股份转让系统可以买卖股票，而通过网络推销交易的"原始股"并不受法律保护。

如果有公司自称定向增资扩股，又通过电话、网络等渠道向不特定的公众销售股票，实际上已涉嫌违反证券法关于不得变相公开发行股票的规定。

原始股的骗局很明显，公司收到投资者的入股资金后，投资者无法监控资金的使用用途和收益信息。公司获得投资后很长时间内再也没有相关的上市信息，导致投资人再也看不到公司实际进行上市的进程和上市的结果。

普华在线提醒您：

一、所有公司的股票都叫原始股，如果公司没有发展前景，原始股就没有价值。在正式的公司募集资金时，一定会对原公司进行评估和审计，同时向新股东出具允许新股东入股的决议。

二、新股东一旦决定入股，公司的章程中必须出现新股东的名字，并在工商管理局备案。

三、股东入资唯一的方式是备注为股本金汇入到公司的账户中，而且国内有限责任公司的股东最多为 50 人，股份有限公司的股东最多为 200 人（上市公司除外）。在任何原始股骗局中，需要有公司股东会签字认可的决议，要看到该公司原有的章程，在工商局查到你成为股东的信息，只要有一个条件不能满足，均存在欺骗的可能性，在法律上投资入股的身份有可能不被国家机构认可，投资人的身份也有可能不受国家相关法律法规的保护。

◣ 防骗关键点提示

凡是以"零风险、高回报"为噱头的原始股权出售，都是利用投资者一夜暴富的心理实施诈骗。

第9天 9th day

P2P 投资的风险陷阱

P2P（个体网络借贷平台）自进入我国以来，发展迅猛。2014 年，国家表明了互联网金融创新的态度，并在政策上对 P2P 网络借贷平台给予了政策上的支持，使得很多关注网络借贷平台而又害怕政策风险的企业家和金融巨头开始尝试进入互联网金融领域。

进入 2015 年，我国的 P2P 行业已经成长为一个从业企业超过 1500 家、总成交金额接近 4000 亿元的初具规模的互联网金融领域的一支生力军。统计数据显示，2014 年 P2P 行业全年的贷款余额为 1036 亿元，较 2013 年增长了 2.87 倍，在数额上也与 2013 年 P2P 行业全年 1058 亿元的成交金额几乎相当，也就是说，贷款余额的增长速度已经达到了交易金额的两倍。这对我国 P2P 行业的发展将是一个严峻的考验，稍有不慎，就会产生出连锁反应，不仅会直接摧垮某些平台，甚至还会对整个 P2P 行业产生巨大的冲击。

2015 年可以说是我国 P2P 行业的生死大年，非法集资案件大量爆发，跨省大案、要案增多，我们今天要讲的，就是在年底爆发的震惊全国的某租宝案件。该平台涉及投资金额达 700 多亿元，也曾经在全国范围内吸引了无数投资者的追捧。

这个曾经风靡全国、头顶层层光环的网络平台究竟隐藏着什么黑幕？为什么会有那么多的投资者像飞蛾一样扑进去……

为了避免更多的投资者误入歧途，我们今天还原一下 YC 集团及其关联公司

利用"某租宝"非法集资的犯罪轨迹。

一场"空手套白狼"的骗局

1999年，年仅17岁的丁某休学后在父亲的封锁厂担任销售员。次年，丁某利用互联网的优势为工厂带来了300多万元的销售额，赚取了人生中的第一桶金。

2005年，丁某对封锁厂进行重组，成立了一家五金工贸有限公司，主要经营机械设备、五金销售，23岁的丁某出任董事长。2011年，丁某又成立一家新材料科技有限公司，主要经营新材料、化工产品的销售。2012年，丁某成立了"YC融资租赁有限公司"。三家企业构成了"YC集团"重要的盈利板块。

近些年，网贷平台在我国大量出现，发展态势异常火爆。当丁某了解到融资租赁业务能挣钱后，试图从实业转到金融领域。2014年2月，该集团收购了北京一家网络科技有限公司，并对其运营的网络平台进行了改造。2014年7月，该集团将改造后的平台正式命名为"某租宝"。

"某租宝"一上线，就迅速吸引了大量资金。"某租宝"对外公布的数据显示，2015年6月底，"某租宝"成交额80亿元，到2015年12月3日，成交额已达740亿元，用户接近497万人。短短半年时间，"某租宝"成交量增长9倍以上，扩张规模相当于一家中等商业银行。

警方调查资料显示，融资租赁有限公司是该集团的核心，在"某租宝"上线之前，"YC融资租赁有限公司"所从事的融资租赁业务是该集团最重要的收入来源。"某租宝"上线后，"YC融资租赁有限公司"主要负责找虚假项目，"融资租赁"成了幌子。

相关资料显示，"某租宝"主要出售融资租赁项目的预债券。其交易模式为"YC融资租赁有限公司"与项目公司首先签订协议，然后在"某租宝"平台上以债权转让的形式发标融资。融到资金后，"YC融资租赁有限公司"购买项目设备转租给项目公司，项目公司定期向"YC融资租赁有限公司"支付租金，"YC融资租赁有限公司"则向投资者支付收益和本金。

在这一交易模式下，"YC 融资租赁有限公司"从中间赚取利差，"某租宝"收取平台费。该集团高管雍某对警方供述，在实际运作中，"YC 融资租赁有限公司"与项目公司签订的合同大多是虚假合同。丁某安排专门人员寻找合作企业进行谈判，并和这些企业签订虚假融资租赁业务合同。融到的资金留存在"YC 融资租赁有限公司"，该公司支付给承租企业 1.5% ～ 2% 的好处费。

该集团高管接受警方的调查时表示，为了寻找项目公司，他们会用各种各样的方法去做，包括跟一些企业进行谈判，借这些企业的名义去做项目。或者去外地并购一些公司，或者去新注册一些公司。该集团将找来的项目公司的资料把企业信息填入合同，制作成项目，然后在"某租宝"平台上线。

警方调查结果显示，在该集团已查证的 207 家项目公司中，只有 1 家公司与其展开了真实的融资租赁业务，其余项目均为虚构。由于虚构的融资项目无法产生真实的收益，为了维持资金链不断裂，该集团不断寻求新的融资项目借新还旧。丁某对警方供述，该集团占用"某租宝"近 100 亿元的资金用来兑付，并建立了一个规模相对较大的资金池。

"某租宝"的吸金术

该集团利用新投资人的钱支付老投资者的利息和短期回报，以制造赚钱的假象骗取更多的投资。警方调查发现，"某租宝"吸引投资者的方式主要有以下几种：

许给投资者高额回报。"某租宝"许诺给投资者 9% ～ 14.6% 的年化收益率，保本保息，资金随进随出。加上给理财师 1% 的提成，"某租宝"的产品收益高达 10% ～ 15% 以上。2015 年理财行业融资租赁债券收益为 7% ～ 8%，"某租宝"几乎高出行业一倍。

铺天盖地的广告投放。"某租宝"曾在央视黄金广告时段投放广告，并在多个地方电视卫视频道投放广告，公交、地铁、电视、楼宇、网络……"某租宝"的广告铺天盖地。数据显示，2015 年上半年，"某租宝"仅电视渠道的投放体量就达 1.5 亿元。就在事发的前一个月，"某租宝"还被媒体评为"2015 年最具责任感企业"。

租住"高大上"的办公场所。该集团在北京核心地段高价购买和租用大量办公场所，让投资者对其实力深信不疑。

除了上述方式，该集团还在全国多地设立大量分公司和代销公司，直接向投资人推销。当客户看到很多机构都在同时推销该集团的项目，对其更加信任。

东窗事发

相关数据显示，截至 2015 年底，"某租宝"累计交易数额超过 700 亿元。让人们感到震惊的是，运营"某租宝"平台的网络科技有限公司自成立以来几乎没有缴纳过税费。接受警方调查时，"某租宝"总裁张某表示，理论上该网络科技有限公司应该收取中介费，由于某集团的融资项目基本虚假，该网络科技有限公司基本没有收取中介费，并未形成营业收入，因此基本没有缴纳营业税。

相反，该集团的下属公司中真正能产生利润的只有"YC 融资租赁有限公司"、"某新材料科技有限公司"和"某五金工贸有限公司"三家企业。而该集团的花销又十分庞大，警方调查结果显示，丁某大肆挥霍，赠给该集团部分高管的现金、房产、珠宝等物品价值高达 10 亿元以上。

对于多位女下属，丁某动辄赠送给她们数百万甚至上千万元现金。此外，"某租宝"支付给承租公司的好处费超过 8 亿元。这些花销都不是来源于丁某的合法收入，而是来源于"某租宝"的投资款。

丁某直接占用"某租宝"的投资款，导致"某租宝"的资金非常紧张。2015 年年底，该集团的异常经营状况被警方察觉。2015 年 12 月 8 日，"某租宝"实际控制人、该集团董事长丁某被警方控制，涉案公司及人员大量银行账户被冻结。2016 年 1 月 14 日，北京检察机关对丁某以涉嫌集资诈骗罪、非法吸收公众存款罪、非法持有枪支罪及其他犯罪做出批准逮捕决定。此外，与此案相关的一批犯罪嫌疑人也被各地检察机关批准逮捕。

"中欧 WD 基金管理有限公司"骗术揭秘

"某租宝"被查后，另外一家 P2P 公司"中欧 WD 基金管理有限公司"也被推到了台前。

该基金管理公司成立于 2012 年 7 月，注册资本 1 亿元，运营中心设在北京，是集 P2P 理财服务与国际集合理财服务于一体的金融服务企业。2014 年 2 月 27 日，40 余名投资者到朝阳公安分局经侦支队报案，称在该基金管理有限公司北京分公司的投资款无法赎回。因涉嫌刑事犯罪，该公司被北京朝阳警方立案侦查。

编造"高大上"的谎言是该基金管理公司惯用的伎俩。该公司不惜重金在北京国贸 CBD 租下整层楼的办公区域，装潢高档的办公区给前来考察的潜在客户一种实力感。该公司内部员工表示，高端大气上档次的办公场所是消除投资者疑虑的一个重要因素。因为很少有骗子会花费高昂的租金去行骗。

除了花费高昂的租金和大幅扩员对外展示自身实力外，该公司还很注重形象工程。2012 年 9 月，该公司联手央视证券资讯频道举办投资展望会，广邀业内财经人士和财经媒体。2013 年上半年，该公司先后加入中国企业联合会、聘请汉威律师事务所为常年法律顾问、被 C*C:9000 国际信用管理体系评为 3A 信用企业。媒体访问 C*C:9000 官方网站的客服人员后得知，企业只要花费 8600 元人民币就能获得一份 C*C:9000 国际信用管理体系的企业信用认证报告。

其实，投资者那么相信该公司，很大程度上是跟公司 12% 的年收益率看上去靠谱有关。不少投资者对年收益率较高的 P2P 基金非常警惕，但往往对收益率较低的 P2P 基金不设防。该公司给出的 8%～13% 的收益率在国家规定的范围之内。这些都是让人产生信任判断的依据。

根据受害投资者提供的资料，该公司主要在超市、广场等场所招揽客户，对象主要是老年人。经过专业培训的业务员先是发传单，然后再带老年客户去公司现场考察。该公司对客户承诺有抵押资产，但有投资者指出，老年人获取信息不是很顺畅，他们难以通过互联网去核实这些东西，比如公司的抵押资产。

该公司看起来有正规的银行托管也是很多投资者认为其靠谱的原因。该公司曾对外宣传，投资资金由中国银行托管，确保资金专款专用。后经核实后发现其虽然 2012 年在中国银行开过户，但一直没有做过任何业务，并非该公司给出的"由中国银行监控和托管"之说。

貌似正规的背后，是该公司通过各种手段换取外界信任，拉拢投资者的"良苦用心"。该公司拥有"高大上"的办公场所、庞大的员工队伍、各种资质证明，但终究还是掩盖不住骗人的本质。

危机终于爆发。2014年2月下旬，该公司北京分公司主要负责人消失，受此影响，2000多名投资者近4亿元资金无法赎回，投资者随即向警方报案。受此影响，该公司的深圳、北京、内蒙古三家公司业务全部暂停。

"某网贷"虚构投资背景，骗取投资者资金

除上述几个案例外，几年前的某网贷事件也为我们敲响了警钟。

成立于2012年8月的某网站平台自称"第三方在线借贷平台"，为个人提供创新型投资理财服务。该网站平台的发展几经变迁，团购发展迅猛的时候，该网站平台是一家团购网贷；团购竞争激烈，行业步入寒冬后，该网站平台变成"某易贷"，发展P2P网上借贷业务。

2012年8月18日至2012年12月21日，该网站平台以从事中介借贷为名，在未取得金融业务许可的前提下，谎称该平台是由香港某国际集团倾力打造的网络投融资平台，由南通某电子科技有限公司运营，为中小企业提供融资新渠道。

该网站平台谎称香港某国际集团的商户需要借款，在该网站平台上发布秒标，承诺即时还本付息，公开利诱投资人，向80多名投资者非法集资2000多万元。法院经审理查明，该网站平台除了将集资的部分资金以月息3%或免息借贷给借款人外，在投资者毫不知情的情况下，将绝大部分集资款通过某投资公司配资投资期货、股票。截至2012年12月底，该网站平台共亏损1000多万元，因没有余款用于提现，该网站平台发布公司停电的通告，同日该网站平台负责人携款逃匿。

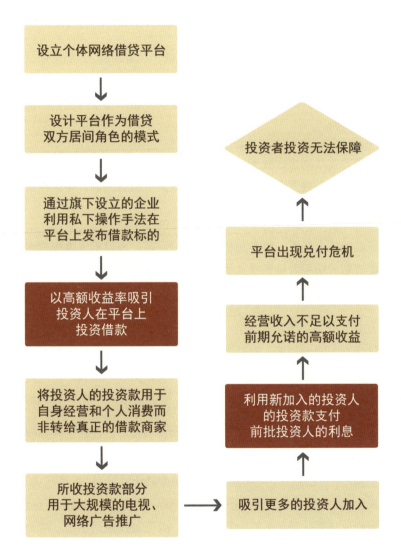

注：图中红色标注部分是该类案例的关键环节

　　P2P 平台自进驻我国以来得到了快速的发展。"互联网 +"概念的兴起，更是给 P2P 行业插上了腾飞的翅膀。麦子金服、微贷网、点融网、永利宝等知名 P2P 网贷平台均获得了巨额融资，这些 IPO 事项进一步证明了中国互联网金融在国际资本市场的吸引力。

　　由于我国对互联网金融缺乏监管，导致整个 P2P 行业乱象丛生，处于畸形发展的阶段。一些自身资质比较弱的平台，存在资金监管漏洞、夸大自身收益，以及虚设投资标的等严重问题。

　　从投资者的角度来看，也存在着理财知识不足、盲目相信电视广告，被高息诱惑而不能理智分析平台经营模式等不良习惯。从政府的角度，存在着 P2P 行业监管缺位，媒体广告审核力度不够等责任。

　　2015 年是 P2P 行业大起大落的一年，在"某租宝"等平台出事之后，央行副行长在央行联合国家发改委、财政部、银监会、保监会和扶贫办等七部门召开的全国金融助推脱贫攻坚电视电话会议中表示，要规范民间融资，加大力度打击非法集资、非法证券业务等违法违规金融活动，维护地方金融秩序和金融稳定。

　　2015 年年底，针对 P2P 监管的《网络借贷信息中介机构业务活动管理暂行办法》（征求意见稿）正式出台，该办法的出台，明确了 P2P 行业未来的发展方向，同时规范了 P2P 平台的监管。《办法》明确了明令禁止的行为，主要包括不得自融、不得设立资金池、不得提供担保、不得期限错配、不得混业经营、不得造假欺诈、不得股票配资及众筹业务、不得向非实名用户公开宣传融资项目。对于资金存管问题，《办法》规定 P2P 平台应选择符合条件的银行业金融机构作为出借人与借款人的资金存管机构。

　　普华在线提醒您，鉴别一家 P2P 平台是否可靠，可以从下面几个方面来看：

首先，要看它是否有资深的背景，具备"国字头"背景的P2P平台通常资历雄厚。反之，不可靠的P2P平台通常都是由名不见经传的"某某投资人/投资机构"发起，真假难辨。

其次，可靠的P2P平台应该将资金完全托管在银行，实现经营与资金的完全分离。反之，不可靠的P2P平台，多半将资金托管在某些第三方支付机构，第三方支付机构是否安全仍然存在问题，或者干脆没有资金托管，自己私设资金池。这类P2P平台一旦出现运营危机，就可能出现平台运营者"跑路"的事件，投资者的资金安全自然无法保障。

再次，可靠的P2P平台，应该实现资产端完全透明，向投资人公开借款人的相关信息和资金使用方向。反之，不可靠的P2P平台对资产端遮遮掩掩，既不能确保借款人的还款能力，又不能明确指出借款使用方向，完全是一笔糊涂账。

最后，可靠的P2P平台，应该具有十分完善强大的赔付机制，确保投资者本息安全，层层措施足以应对各种情况的发生。反之，不可靠的P2P平台，坏账赔付能力十分薄弱，风险保障金数量极少，仅与一些地方担保公司签署担保合同，或者干脆根本没有风险保障金以及其他任何坏账赔付机制。一旦坏账大规模集中爆发，不可靠的P2P平台自然无法应对。

◣ 防骗关键点提示

由于网贷平台的准入门槛和行业监管还缺少明确的细则和实施办法，潜藏较大的非法集资风险，已屡屡出现兑付危机、倒闭、卷款跑路等情况。投资者在参与网络借贷时，一定要擦亮眼睛，深入调查了解，认清其融资性质，避免遭受损失。

第10天 10th day

伪造金融票据诈骗骗局

2016年1月22日，一条重磅消息震惊了整个中国金融圈。中国农业银行于当日晚间发布公告，农业银行北京分行票据买入返售业务发生重大风险事件，涉及风险金额为39.15亿元。消息一出，市场一片哗然。此案涉及金额之大，令人瞠目。事实上，近年来的金融票据诈骗案频发，手段多样，涉案金额动辄上亿元，令人触目惊心。

金融票据诈骗犯罪，是金融犯罪中最为严重的一类经济犯罪。这种诈骗成功率高，且涉案金额特别巨大，每张假金融票据在银行一旦贴现，就是几百上千万元现金，它足以使一个一定规模的企业陷入灭顶之灾。

除了新近发生的农行票据案件之外，近些年还有过几次比较知名的银行票据诈骗案件。我们今天就来翻一翻这些案件的经过，一起探究一下这类骗局是如何发生的。

QL 银行伪造金融票证案

所谓伪造、变造金融票证罪是指伪造、变造汇票、本票、支票、委托收款凭证、汇款凭证、银行存单等其他银行结算凭证、信用证或者附随的单据、文件或者伪造信用卡的行为。

2010 年 12 月 6 日，济南市公安局接到报案，该市一家城市商业银行——QL 银行在受理业务咨询过程中发现一存款单位所持"存款证实书"系伪造。由此开始，一系列涉及济南当地多家银行的案件被牵扯出来，"12·06"伪造金融票证案在 2010 年年末引起了社会广泛关注。由于 QL 银行是案件中涉及金额最高的银行，所以也称 QL 银行伪造金融票证案。

媒体援引法院公布的信息称，自 2008 年 11 月至 2010 年 11 月，该案主犯刘某采取私刻存款企业、银行印鉴，伪造质押贷款资料、银行存款凭证、电汇凭证、转账支票及以企业的名义在银行开立账户，冒充银行工作人员，让企业向其控制的账户内存款等手段，骗取银行、企业资金共计 101.3 亿余元。案发后，依法追缴赃款赃物合计 82.9 亿余元。2013 年 6 月，法院作出判决，涉案主角刘某被判处无期徒刑。

如此之高的资金规模，简直骇人听闻。更可怕的是，这次案件绝非孤例，仅用"金融票据诈骗"为关键词，在网络上稍一搜索就会发现，包括几大国有银行在内，各地在近些年来频发金融票据诈骗案件，大量的银行资金躺在账户上就莫名其妙的不知所踪。而且涉案的金额之高，令人咂舌。我们姑且先以 QL 银行的这个案件为例，梳理一下这么一大笔钱是如何被骗走的。

刘某，1968 年出生，成长于济南。曾供职于建筑设计院，开发房地产起家，后又陆续投资股票和房地产生意。2004 年，他在上海成立一家投资管理公司，相继在上海、北京与山东实际控制 18 家公司。

据刘某自己交代，他从 2002 年起开始产生骗取银行信贷资金想法。随着资金出现巨大亏空，刘某涉嫌诈骗手段逐步升级，从涉嫌骗取银行贷款最后转为直接诈骗企业。

2010 年 7 月至 11 月，刘某"引诱"了 6 家企业到银行存款，但随后，刘采取私刻、窃取企业印章、伪造单位定期存款开户证实书、定期存款提前支取手续，冒开存款企业活期账户等方法，利用伪造的金融凭证诈骗银行资金 13 亿余元，这被检方指控涉嫌金融凭证诈骗罪。

2010 年 7 月 8 日，刘某联系上海某房地产开发有限公司，将 2.2 亿元存入光

大银行某支行，然后利用私刻的印章加盖于电汇凭证，转走了这笔钱。

2010 年 10 月 27 日，刘某分别联系东营某汽车配件生产企业和山东某桥箱公司，存入 QL 银行 0.9 亿元和 0.3 亿元，同样利用私刻的两家企业印章加盖于电汇凭证，转走了钱款。被刘某以同样手段欺骗的，还有某矿业企业在 QL 银行的 5 亿元存款。2010 年 11 月 10 日，上海某投资股份有限公司存入 QL 银行 0.4 亿元，被刘某利用虚假进账单转走。

两天后，刘某联系某人寿企业存入 QL 银行 5 亿元。当晚，刘某将来济南办理存款的该人寿企业员工灌醉，窃取了公司印章，加盖在其事先伪造的单位定期存款开户证实书和定期存款提前支取手续上。此后，他还私刻了 QL 银行相关印章，转走了这笔钱。

从这些过程可以看出，刘某的手法并不复杂，他先为 QL 银行高息揽储，并与 QL 银行涉案的一位经理进行再贷款、再存款的循环游戏，以此帮助这位经理实现高业绩，通过伪造金融票证多次骗取资金。我们可以分析一下他的作案步骤：

第一步，高息揽储，通过诸多主管部门官员介绍或直接打招呼，将某些国企资金揽至目标银行作为定期存款；

第二步， 以自身公司名义向国企支付补偿金或向国企领导输送个人利益；

第三步，揽储后，通过伪造的手续和企业印鉴，以目标存款为担保，办理等额的第三方存单质押贷款，从银行套取贷款用于投资。

最初，涉事三方相得益彰，借助这些大型国企的闲置资金，刘某的投资得心应手，从银行套取的贷款往往都能如期归还，涉案企业获得 10% ～ 15% 的补偿金，企业领导则获得约 1% 的好处费，同期银行得以做大存贷款规模，三方各取所需。

然而，再完美的设计也终究是骗局，总有败露的一天。最终，刘某的资金链陷入紧张，票据诈骗成为其拆东墙补西墙的资本游戏。在定期存款到期、后续资金未跟上时，刘某不得不四处协调展期，勉力维持。2010 年 12 月 6 日，QL 银行在受理业务过程中发现一存款单位所持"存款证实书"系伪造之后报警，这个骗局终于败露。

金融票据诈骗案并不是近些年才有的新型金融诈骗案件。事实上，早在本世纪初，我国公安机关就破获过类似的案件。

"8·18"特大金融票据诈骗案

2000年，广东省曾经破获过一起特大金融票据诈骗案，该案代号"8·18"专案。"8·18"专案在当时是新中国成立后公安机关侦查的最大一起伪造金融票据和利用伪造金融票据进行诈骗的案件。

1996年6月，一犯罪团伙在辽宁省某市以17张假银行承兑汇票，从银行骗走3400多万元，票源来自广东省H市。2000年，黑龙江、吉林、辽宁、湖北、河南、河北、安徽、云南、山西、江苏、上海及重庆等省、市，都相继出现假银行承兑汇票诈骗案，票源也是来自H市。2000年7月，广东省公安厅经侦总队接到群众举报：在H市有团伙专门从事伪造银行承兑汇票，供外地犯罪嫌疑人在银行诈骗资金。

2000年7月14日，广东省公安厅经侦民警秘密进入H市。他们从举报线索入手，经过一个半月的艰苦细致的侦查工作，逐渐揭开"庐山真面目"，逮捕了以关某、黄某为首，以张某、谢某为首，以张某某、邱某为首的三个伪造银行承兑汇票犯罪团伙。

三个犯罪团伙的成员，构成复杂，有社会闲杂人员、公司老板及邮电、金融部门职员等，是一个庞大的有组织、有分工、跨地区的犯罪集团。在造假时，他们私刻了在假银行承兑汇票上所需的各类企业公章、企业财务专用章、企业法人章及中行H市分行、建行H市分行、工行H市分行的各类专用章。

自1995年5月份开始，这几个犯罪团伙，分别用伪造的银行承兑汇票，在短短的两年时间内，给沈阳、合肥、济南、北京、天津、深圳、哈尔滨、海口、青岛等地犯罪嫌疑人分别开出面额为500万元、400万元、300万元等数量不等的多张假银行承兑汇票。他们与各地不法企业勾结，从不同地区的各家银行，骗取了数亿元的银行贴现资金，造成国家损失数千万元。

此后，在公安部经侦局的统一指挥下，全国范围的缉捕行动同时进行。协调

黑龙江、山东、甘肃、内蒙古四省、自治区配合广东的行动，抓获了本省内的犯罪嫌疑人。此后，全国有关的 22 个省、市公安机关的经侦部门相继行动，共擒获了各地犯罪嫌疑人 60 多名，破获金融票据诈骗案件几十起。

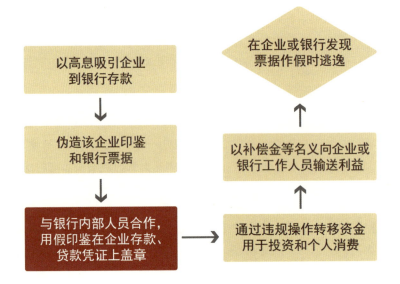

注：图中红色标注部分是该类案例的关键环节

目前常见的伪造金融票证罪有几种：一是"克隆假票"，即通过伪造承兑汇票或大额定期存单，以此为质押获得银行贷款；二是犯罪嫌疑人谎称帮助银行完成拉存款任务，高息为诱骗取企业或个人存款。若存款人是企业，犯罪嫌疑人往往通过偷出企业预留印鉴伪造票据实施诈骗，若是个人存款，则在客户办理存折时，偷办信用卡挂于该账号下，再实施诈骗。

该类案件由于经常会涉及银行工作人员伙同外部人作案，手法较为隐蔽，因此金融机构和存款人往往在短期内难以发现。也正是因此，某些领域中，金融票据诈骗已成为金融犯罪的首选。

在实际业务中，使用假票据的情况是最多的。科技的进步，也带来了高超的伪造技术。拿承兑汇票来说，犯罪人员会仿造出一模一样的承兑汇票。一旦这种承兑汇票流通到市场上，造成的危害之大不言而喻。比如说，某人找到一张1000万元的承兑汇票，将其伪造出一模一样的5张票据，分别找到5家企业做贴现，理论上可以骗出5000万元（不考虑贴现费用），正是如此高的利益，吸引着很多人前赴后继地走上同一条路。由于银行业的技术手段和监管手段相对要严格缜密一些，所以这种诈骗多发生在商业承兑汇票的使用过程中。时至今日，随着金融行业技术的进步，很多包括银行在内的金融机构，更倾向于使用电子汇票，这一手段也有效地规避了纸质票据被伪造的风险。

此外，除了谨防伪造的票据之外，金融票据的使用过程中还需要特别注意票据的保管，因为在票据的使用和流通过程中，也有可能发生各种意外，如贴错位置、贴错单据等情况，这会导致最终的兑现失败，在承兑汇票多次贴现背书的过程中会经常出现，需要特别注意。

最后要提醒大家的是，金融票据在兑换或者贴现的过程中，需要特别防范法律风险。比如，某企业A持有一张承兑汇票，找到B企业为其贴现，在企业B为其做了贴现之后，A企业被查出有非法行为，涉嫌金融诈骗，那么此时企业B也需要承担相应的法律责任。所以，在金融票据尤其是商业承兑汇票的使用和流通过程中，需要特别注意这方面的风险，切不可只看利益盲目投资。要知道，目前市场上，很多商业承兑汇票的贴现业务，都会赔得血本无归。

🔲 防骗关键点提示

任何票据都有造假的可能，有了伪造的空间，就自然伴随着风险。金融市场活动中，对合作对象进行详实、充分的背景调查，是必不可少的动作。

第11天 11th day

存款贴息投资骗局

　　王总是普华商学院金融实战研修班第23期的一位学员，山东泰安人，性情直爽，脾气火爆。在课下探讨的过程中，王总得知我们在筹划这本揭露金融诈骗的图书，表示赞赏与支持的同时，也痛心疾首地向我们分享了一件案例，这件诈骗案发生在他生意场上的一位朋友身上。时隔两年有余，王总在回忆的时候仍然唏嘘不已，用他的话说，"真的是心有余悸啊，差一点我也栽进去"。王总有一位章姓好友，是合作多年的生意伙伴，这位章总便是他讲给我们的这件案子中的受骗者。

　　事情是这样的，2012年，章总兴致冲冲地找到王总，要介绍一件赚大便宜的好事给他。章总说，他的一位朋友与临市的某银行建立了良好的合作关系，拉拢他向该银行存款，并许以高息，相当于当时市场存款利率的250%。章总得知这一消息后，非常动心，在该朋友的劝说下，章总将8000万元存到了该银行。既然有这样高收益的投资回报，章总便想到了他的好友王总，欲与之分享这一好事。王总在听了章总的消息后，也不由得动心，但同时也不免有顾虑。他问章总这件事情可靠吗？章总回答他，银行还能骗你钱不成，把心放肚子里好了。王总想想，银行还是可信的。不巧的是，恰好此时生意周转，王总的流动资金都放到生意上了，于是他决定一年腾出手后，也把名下的存款转存到该银行去赚取利息。

　　听到这里时，我们对王总说，看来你运气是好的，若不是有这一年时间，恐

怕你也遭殃了。王总一脸苦笑，连道惭愧，然后长吁了一口气。

原来，就在一年将满，王总已经筹集好资金准备找到该银行存款时，章总那边却传来了噩耗——章总存在银行户头上的8000万元资金不翼而飞了！这一消息震惊了章总的朋友圈，大家很不解，银行这么可靠的机构，怎么也会发生这种事情？

实际上，章总不是运气最差的，这几年来此类事情已经出现过好多次了，金额最多的有两个多亿呢。看看新闻，"杭州储户730万存款失踪"、"山西42名客户9505万存款失踪"、"河北储户数千万存款失踪"、"名酒企业5亿存款消失"……

众多"存款失踪"事件的背后，真相到底是什么？我们来看一看。

2.88亿元存款莫名被冻结

近年来，"储户存款失踪"的事件频发，不时见诸报端，相关报道显示："失踪存款"少则数万元，最高达数亿元。存款"失踪"频发，不免让人对银行的安全性产生忧虑。不少储户惊呼：把钱存在银行还安全吗？

对此疑问，银行方面人士表示，基本不存在存款丢失的事情，绝大多数是储户被不法分子骗了。

2014年，16位来自萧山、杭州、宁波等地的存款人，把高达2.88亿元巨额资金存入中国工商银行甘肃省D县某支行，一年后，存款到期，竟然无法从银行兑付。

当事储户对媒体称他们的存款被当地警方全部冻结了。媒体通过调查得知，储户们都是听"朋友"介绍，才把现金存入这家银行的。他们中的多数，都是因为手中有了闲钱，为了更好地理财，便参加了异地高息揽储。

所谓的"朋友"其实就是资金掮客，专门在银行、企业与存款人之间做资金中介业务，从中收取佣金。拿其中一位储户李某来说，他也是经"朋友"推荐，专门赶到千里之外的甘肃省，在D县工行柜台办理了1000万元的一年定期存款手续，约定年息 3.3%。他把存单拍成照片，通过微信上传给对方。约一个小时后，有人把 40 多万元贴息款全部打入他的银行卡。

据他所说，在此之前，他曾经通过"朋友"胡某介绍，在不同地方的金融机构参加贴息存款，并顺利拿到本金及利息。最少的一次存入 200 万元，最多的一次存入 600 万元，在享受正常银行定期利率的基础上，再分别贴息 3.5% 和 4.4%。两次拿到本息后，他对胡某十分信任，所以这次凑足 1000 万元，于 2014 年 9 月到 D 县工行办理一年的贴息定存。其他两位存款人郑某和林某的过程大同小异，也分别是在"朋友"介绍下，在 D 县工行各存入 1000 万元。

除了上面几个人之外，还有其他几位客户分别存入少则 1000 万元，多则 2000 万元、3000 万元或 4000 万元的本金，累计存入总额度为 2.883 亿元。这些储户来自浙江、上海、安徽各地，其介绍人即资金掮客也来自各个不同地区，并非同一个人。

据储户们描述，当初去这家银行办理存款时，他心里曾有过一丝疑虑。该银行的门面很小，营业场地也很拥挤，看上去像个储蓄所。但经不住资金掮客反复劝说，而且银行愿意开具"存款证明书"，最终还是存了钱。最为关键的是，所有储户都有这样一个心理——毕竟是响当当的大牌国有银行，感觉把钱存在那儿是非常放心的，怎么也想不到会出这种事。

直到 D 县警方向他们通报存款被冻结，这些人才知道自己遭遇了诈骗。据警方调查之后做出的分析，诈骗的过程大致是这样的：

当地一家大型民营企业的负责人魏某，先以高额贴息的方式吸引浙江等地储户到该银行存款超过 3 亿元。随后，魏某勾结了银行的高管，组织有关人员伪造上述存款人的大额存单，再以假存单作质押，向银行骗得巨额贷款。据当地银行人士透露，质押贷款一般为存单面额的 9 折，以此测算，骗贷额约 2.7 亿元。此外，魏某还涉及从另外几家银行机构骗贷，累计金额可能高达 15 亿元左右。而在这个过程中，多个资金中介人从中层层拿到数额不等的佣金，远高于存款人的贴息幅度。也就是说，这里面存在着一个相当庞杂的利益链条。

按照规定，存单质押必须经存款人出示原件，并由夫妻双方共同在银行的监

控录像下签字确认。但在银行内部人员的配合下，这些严格的程序形同虚设。

魏某等人串通银行内部人员，伪造储户存单、户口本、结婚证，编造储户家庭信息，伪造储户的签名，成功向银行办理多笔假存单质押贷款。为了操作上更加简单、方便，他们还把一位年过七旬的储户赵某等已婚存款人直接改成"未婚"，这样免得多人签名。

据储户反映，那些伪造的存单，与真实的存单唯一的区别在于"少了一个经办人的私章"，存单上如金额、姓名、编号、存款日期等都完全相同。

说起来，诈骗者的作案手段也并非高深莫测，但如此胆大包天堂而皇之地骗走亿元巨款，而储户们前赴后继屡屡上当受骗，就值得人深思了。而且，遭受诈骗的不止是个人，还有一些企业。我们再来看下一个案例。

名酒企业 3.5 亿元存款凭空消失

2015 年 1 月，四川省某全国知名的白酒品牌厂家（下文简称为"L 公司"）发布公告称，在对全部存款展开风险排查时发现，其在南阳某银行支行等两处存款存在异常情况，涉及金额 3.5 亿元。让人跌破眼镜的是，这已经不是该企业第一次发生此类事件，就在 2014 年下半年，该企业存在长沙某银行的 1.5 亿元存款就被发现离奇"失踪"，在前案尚未"水落石出"的时候，第二次事件就发生了。

如此匪夷所思的事件，前后两次均以相同的方式上演，连故事的情节都完全雷同。大概连电视编剧都不好意思半年内写两部情节完全相同的剧本，但这一切确实发生在这家号称"中国白酒大王"的企业身上。

在公告中，L 公司称，2014 年 12 月 31 日，公司在某银行支行的 1.5 亿元存款到期。该银行以公司的存款被南阳公安机关冻结为由拒不支付，并拒绝出示冻结手续。2015 年 1 月 4 日，L 公司派员持正式函件前往银行总行交涉，该银行总行答复需要调查。2015 年 1 月 8 日，L 公司再次与该银行总行交涉，仍无结果。为此，L 公司决定通过法律途径解决。

按照常理，在银行的严格风控体系中，想从银行转出大笔资金非常难，可为何 L 公司的巨额存款会莫名其妙地凭空消失了呢？ 而且是发生了两次！

或许是巧合，在 L 公司公布其 3.5 亿元存款失踪前夕，隶属最高人民检察院的人民检察院信息公开网发布了一条消息，即 L 公司所在地人民检察院对骗取 L 公司巨额存款案的四人批准逮捕。消息称，嫌疑人李某、胡某、张某、陈某四人相互勾结，采用伪造银行票证等手段，骗取 L 公司在银行的上亿元存款，用于牟利。

截止到本书成稿前，L 公司和司法部门并没有公开该案件的详细信息。

我们只能根据相关信息猜测，该公司的存款，是由嫌疑人伪造购销合同、授权委托书、印章等，分次从银行转走了这笔巨款。如果这种猜测属实的话，嫌疑人就构成合同诈骗罪。

除上述这种可能情况外，还有其他三种可能性。

第二种可能，就是存款信息泄密和银行票证有缺陷，嫌疑人内外勾结，伪造票证等手续骗取存款。这跟第一种可能类似，也与近年来各地发生的储户存款被盗案的操作手法类似。

第三种可能，是相关人员为规避银行财务监管，将巨额存款拿去做高额借贷，未能及时将资金归还。

第四种可能，就是银行协定存款演变成了委托贷款。这种可能性是存在的。当然，如果是这种情况，那与我们本文所讲就有所偏差了，不再赘述。

那么，如此巨额的存款丢失，如何才能追回？从案件的整个过程中，我们可以做出如下分析：L 公司向四川省高院起诉，是采取民事救济措施追偿，因为在实践中，一旦案件涉及刑事犯罪被公安部门立案侦查，相关责任人被处以刑事处罚的情况下，相关款项很难再得到追回。

而另外的两笔，L 公司是采取资产保全措施，这些措施能尽最大可能减少存款丢失的损失。同理，如果最终的真相是刑事案，嫌疑人接受了刑事处罚，损失就很难追回了。

《储蓄管理条例》中明确规定："国家宪法保护个人合法储蓄存款的所有权不受侵犯"，银行出具的存单中也明确对存款有保管责任，但在实践中，对存款冒领、丢失如何处理等都没有明确规定。

实践中，如果嫌疑人没有经济能力承担存款丢失的责任，法律大多选择"以刑抵债"，即以刑事处罚了结，受害方只能自认倒霉。

事实上也是如此，早先的××高速、北大H、××股份等多家上市公司银行巨额存款失踪后，至今杳无音信，最终均以计提坏账的方式转嫁给投资者。

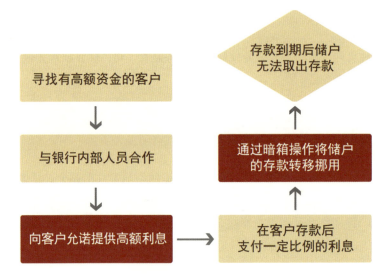

注：图中红色标注部分是该类案例的关键环节

　　2014 年 9 月 11 日，银监会、财政部和中国人民银行联合发布《关于加强商业银行存款偏离度管理有关事项的通知》，列出的第一条违规手段，就是"违反规定、擅自提高存款利率或高套利率档次的高息揽储吸存"，即"贴息存款"。

　　近年来银行为何频频发生存款失踪案？这些令人震惊的贷款诈骗案缘何屡屡上演？银行监管方面自然难脱其责，但这不是我们关注的重点，我们要说的是贴息存款。

　　从上面几个案例中，我们可以看出，储户在银行的存款失踪主要有以下几种情况：一是银行工作人员通过内部违规操作，将储户的存款转入他人的账户；二是银行工作人员与他人勾结，盗取钱款；三是储户在银行工作人员的游说下，存款变成保险理财等产品，如果不能保本获利，有可能会亏本；四是不法分子通过攻击网银或者通过伪造银行票证甚至伪造银行卡等方式盗取储户存款。

　　那么，这些丢了的存款，能否索赔追回？在某媒体的报道中，一位律师在接受记者采访时表示，"现实的情况是，'几乎不可能'"。一时间，"存款丢了，索赔几乎不可能"充斥网络，引起躁动，至今仍然被广泛引用。

　　对此，我们也咨询了相关专业人士，对方表示，不能索赔肯定是耸人听闻，但是，因为银行存款纠纷情况十分复杂，处理起来确实比较麻烦。针对各种不同的案例，有些是银行担责任，有些是储户担责任，每一个案例都根据证据来分析，不能简单一概而论。

　　倘若是银行的在职员工和储户签订合同，这种情况银行肯定是要埋单的。在劳动合同关系存续期间，如果由于行为人在银行工作时间、工作范围之内，以银行工作人员的身份和消费者签订的合同，原则上就视为银行的揽储行为，银行应该还本付息。举证责任方银行要想免责，就要自证清白，证明该员工的揽储行为是个人行为。

投资理财要清醒，高利诱惑是陷阱，这是金融投资中的一条铁律，从来没有过例外。被骗的储户往往都是被高利息所诱惑，不少人明知超过规定的高息不受保护仍然冒险去做；有些人听信花言巧语，以为可以天上掉馅饼，最终被骗。挡不住高息的诱惑，最终的结果就是跌入对方设计的陷阱。

◢ 防骗关键点提示

　　高息诱惑不能碰，真的不能碰。

商业模式投资类骗局

第12天 12th day

非法经营投资骗局

非法集资是我国经济金融领域长期存在的痼疾，有着复杂的经济金融成因。自 1993 年以来，非法集资案件频发，虽然打击更严，但形势越来越严峻，花样也不断翻新升级。2014 年以来，受经济下行压力加大、企业生产经营困难增多、不法分子借机活动等各种因素影响，非法集资问题日益凸显，非法集资不断变换名目繁多的外衣，以项目投资、理财产品、高息分红等形式活跃于线上线下。

数据显示，2014 年涉嫌非法集资跨省大案、要案显著增多，参与集资人数逾千人的案件 145 起，涉案金额超亿元的 364 起。严重损害了人民群众的合法权益，破坏了经济金融秩序，影响了社会稳定。

对于普通投资者，高额回报总是充满了诱惑，但一旦卷入非法集资的漩涡，面临的现实往往是"你图的是人家的高息，人家图的是你的本金"。

今天我们以吴某非法集资案为视角进行分析，希望广大读者能通过本案例认清非法集资的本质，远离不法分子用高额回报设置的陷阱。

胡润百富榜上的黑马富豪

吴某的故事，还得从十几年前说起。当时技校还未读完的她辍学去姑姑的美容院学习美容技术，2000 年，吴某结识了丈夫周某，两人在街头开了一家美容美体沙龙店，这一年吴某 19 岁。紧接着，她又开了当地最大的足浴店 。嗅到了汽车租赁业的商机之后，她又利用原先积累的资本一口气买下了十多辆车。"韩流"袭来，她又开了韩品服饰店。此后，她又接手了一家娱乐城，成了娱乐城的老板。

2005 年年底，吴某开始改变商业策略，向类金融行业布局。2006 年 2 月，吴某在湖北开设了一家投资担保有限公司，股东是吴某和她的妹妹，注册资金 1000 万元。2006 年 3 月，吴某在浙江注册成立了另一家投资担保有限公司，注册资金 2000 万元，经营范围包括提供短期借款、贷款、抵押和融资等担保业务。也就是从这时开始，吴某开始介入民间借贷、铜期货等交易。不断的摸爬滚打中，吴某甚至比业内一些专家更能清晰地看到其中巨大的商机。在期铜的连续暴涨中，吴某的财富成几何级数增长。

25 岁的吴某已经身价数百万元，无疑是同龄人中的佼佼者，而她的远大前景似乎不止于此。2006 年 4 月，吴某开始组建 BS 集团。吴某一口气购下了 100 多间商铺，组建了涉及商贸、洗业、广告、酒店、电脑网络、装饰材料、婚庆服务、物流等行业的 8 家实业公司。

2006 年 10 月 10 日，BS 控股集团成立，注册资金 1 亿元，产业涉及旅游、商贸、酒店连锁、资本投资、建材、工程建筑、工程设计装潢、家纺、电子商务、广告传媒、娱乐服务等行业，26 岁的吴某出任集团董事长。外界传言此时的吴某身价已达 38 亿元，也因此，吴某入选 2006 年"胡润百富榜"。

BS 集团最先引人注目的是免费洗车业务（但必须在车牌处贴上 BS 的 logo）和免费洗衣服务（洗衣每天限 100 件，每人限 2 件），其次是连续 3 次捐款活动：向某小学捐款 80 万元，向贫困学生捐款 50 万元，向光彩事业捐款 500 万元。

吴某最大的手笔是投资房地产。她投入的资金近 1.6 亿元，其中包括：某房产 2200 万元，某花园近 3000 万元，某公寓 5000 多万元等。吴某所购房产，大部分为沿街商铺，几年过去，这些房产都已大量增值。和当时的很多投资者一样，吴某几乎投资过全国多个城市的楼市，包括住宅和商铺。

抽丝剥茧，真相浮出水面

2006 年 10 月底，因为杭州、上海几家媒体的连续报道，吴某及 BS 集团开始闻名全国。BS 集团高层甚至对外宣称，BS 在购买物业和装修上的固定资产投资超过 3.5 亿元，但没有一分钱是银行贷款，全部是自有资金。BS 集团的巨额财富引发了人们的种种猜想。

2006 年年底，吴某被几个债权人软禁的案件彻底将吴某及 BS 集团曝光在人们眼前。经法院审理查明，在 BS 控股集团有限公司成立之前，吴某以每万元每日 35 元、40 元、50 元不等的高息或每季度分红 30%、60%、80% 的高投资回报从民间融资。从俞某、唐某、夏某等人处集资 1400 余万元，这些人大多是吴某在宁波慈溪认识的朋友。

后经人介绍吴某认识了义乌人杨某，并借到了首批资金600万元。经杨某介绍，吴某认识了原义乌市文化局工作人员林某，2006 年 3 月 30 日，吴某以到广州投资服装城商铺缺少资金为由，从林某处借到了资金 500 万元，此后经常每隔几天就有数百万元乃至上千万元的借款入账。吴某对林某等人所借资金年回报率至少在 50% 以上，部分回报率达到 100%。警方调查发现，BS 集团几乎所有的资金都来自民间高利贷。

在负债累累的状况下，为了资金链的延续，2005 年下半年开始，吴某以高息和高额回报为诱饵，大量非法集资，并用非法集资款先后虚假注册了多家公司，又用非法集资款购置房产、投资、捐款等方法，进行虚假宣传，给社会公众造成其有雄厚经济实力的假象，进一步骗取社会资金。

法院查明，从 2005 年 5 月至 2007 年 2 月，吴某以高额利息为诱饵，以投资、借款、资金周转等为名，先后从林某、杨某等 11 人处非法集资 7.7 亿元，用于偿还本金、支付高额利息、购买房产、汽车及个人挥霍款项等，实际集资诈骗人民币 3.8 亿元。

2007 年 2 月 7 日，因涉嫌非法吸收公众存款，吴某被公安机关刑事拘留，BS 集团被查封。

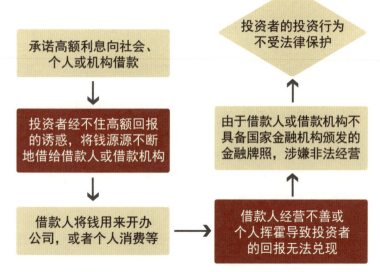

注：图中红色标注部分是该类骗局的关键环节

吴某的案子属于典型的非法集资案例。

本案中，吴某非法集资款项高达 3.8 亿元，已经远远高于法律规定的"数额特别巨大"的范围。

吴某的案件可以从以下几点来看：

第一，不切实际的投资回报率。根据《最高人民法院关于审理民间借贷案件适用法律若干问题的规定》，民间借贷的利率可以适当高于银行的利率，但最高不得超过银行同类贷款利率的四倍。

从吴某案已经公开的信息可以看出，吴某的个人借贷主要是通过个人小圈子私下进行，贷款月息通常在 6% 以上。远高于正常的银行借贷利率。在吴某刚开始集资的时候，给投资者的回报是每投资 10000 元，每天可以获得回报 30～50 元，且给介绍集资的中间人每 10000 元每天 10 元或每季度 30%～100% 的好处费。到后期集资的时候，吴某给投资人的回报条件甚至是投资者自己说了算。

第二，未将集资款项用于生产经营活动。公开资料显示，吴某将部分集资款用于支付前期集资款的本金和高额利息，部分集资款用于个人肆意挥霍。公开资料显示，吴某在不到一年时间内个人吃玩和购物花费高达 1000 多万元，购买法拉利、宝马等豪车 40 多辆共计近 2000 万元，购买珠宝 1 亿多元。

第三，没有兑现能力。吴某明知自己没有归还能力仍大肆高息非法集资。自 2006 年 4 月 BS 控股集团成立以来，公司就已负巨额债务，其后吴某又不计条件、不计后果地大量高息集资，最终导致投资者收益无法兑付。

第四，涉足多个行业，让投资者误以为公司实力雄厚。在任何一个领域，一个人从事的行业超过 3 个的时候，公司的管理成本就会变得很大。

香港企业家李嘉诚虽然投资了很多行业，但他公开表示，"任何一个行业如果没有做到香港同行业前三名，就不会涉足新的行业"。而李嘉诚在自己投资的每一个领域都有非常优秀的操盘手，并且采用的是非常先进的企业管理模式。本案中吴某一口气投资了商贸、洗业、广告、酒店、咖啡馆、电脑网络、装饰材料、婚庆服务、物流、汽车服务、贵族美容美体沙龙等行业。一下子涉足这么多行业不能不说吴某是为了误导债权人相信她的实力和还款能力。

从"吴某案件"中我们怎样识别非法集资诈骗呢？

一、不切实际的投资回报率。在正常的民间借贷中，月利率1%～3%比较正常。通常情况下，超过2%的月息就要引起警觉。特别是某公司或某个人向你借钱如果是超过2%的月息还说多多益善，这就极有可能涉嫌非法集资诈骗。

二、制造财富假象，骗取投资者信任。集资者将投资人的款项购买大量房产或珠宝等物，或者通过注册合法的公司企业，让投资者误以为公司实力雄厚。

三、制造虚假项目。一些通过注册合法的公司企业，打着响应国家号召的口号，支持新农村建设、实践"经济学理论"等旗号。经营项目由传统的种植业养殖业，发展到高新技术开发、集资建房、投资入股、售后返租等，以订立合同为幌子，骗取公众投资。

◥ 防骗关键点提示

在投资行为中，如果投资者的借款对象不具备国家相关机构颁发的牌照，那么，投资者的投资行为将不受法律保护。

第13天 13th day

虚构交易模式投资骗局

2011 年是互联网行业风起云涌的一年，各种大事件层出不穷。第一家赴美上市的互联网公司中华网提交破产申请，微博的快速传播让企业看到了微博营销的力量，谷歌收购摩托罗拉移动成就了 2011 年最大的产业并购案。

淘宝"10·11 事件"弥漫的硝烟还未散去，"TPY 直购网"又在互联网行业掀起了不小的风波，它推行的 BMC 营销模式引发了巨大的争论。一方面有人质疑该网站的 BMC 模式涉嫌传销，另一方面也有很多人力挺该网站，5 名法学专家甚至为其出具了法律意见书。

红极一时的"传销帝国"

"TPY 直购网"的创始人唐某曾经是某直销公司（世界直销行业协会会员之一）的经销商，对直销行业的模式有一定的了解。唐某在 2006 年创立了"JC 生活有限公司"，公司的注册资金将近 1.6 亿元。而"TPY 直购网"是"JC 生活有限公司"旗下的一个电子商务平台，2008 年 12 月正式上线运营。

该网站的官方宣传资料显示，在公司成立之后短短两年时间里，网站实名注册会员将近 1000 万人，网站平均日交易额高达上百万元，年度总交易额近 3 亿元。

由于公司的飞速发展，公司创始人唐某先后获得了很多荣誉。唐某应邀出席

"2010年全球杰出领袖高峰会";荣获"投资江西十大风云人物"称号并作为唯一代表发表了获奖感言。唐某横扫各个相关奖项的同时,"TPY直购网"推行的所谓新型营销模式BMC也引起了广泛的关注。某电视台播出的专题片,讲述唐某创业历程的同时,全面阐释了BMC模式为社会带来的巨大价值。

BMC模式到底是一种什么样的商业模式,能在短时间得到主流媒体的肯定?

"TPY直购网"的官方资料显示,BMC中B是Business的缩写,指的是企业;C是Customers的缩写,指的是消费者。BMC模式和公众熟知的B2C模式关键区别就在于M上,M是Medium的缩写,指的是在企业与消费者之间搭建的平台。

在BMC模式下,消费者通过注册的方式成为"TPY直购网"的会员,然后根据消费量成为不同级别的会员,享受不同的积分返利比例。在"TPY直购网",消费者可以介绍其他人成为网站会员,介绍人可以从中获得代金券,也可以从其他消费者的消费中获得相应的PV积分。在"TPY直购网"的体系中,PV指代未来利润,1 PV相当于7元人民币。当消费者积分达到1000PV,就可以成为合格诚信渠道商户,消费者与经营者双重身份就开始出现重合。不过1000PV的目标很不容易达到,根据其官网的销售信息,价值219元的针织长裤积分为3PV,价值599元的电压力锅积分为6.25 PV。可见,消费者若想成为渠道商至少需消费几万元至十几万元的商品,这是一个很难达成的消费量。

"TPY直购网"体系中,有更快成为渠道商户的方式——预订消费,承诺以后一定会消费特定的消费额。"TPY直购网"的渠道商共有12级,缴纳7000元保证金便可以成为最低级别的"合格诚信渠道商",依次递增,最终缴纳7000万元保证金可成为最高级别的"全球诚信渠道商"。

成为"TPY直购网"的渠道商,可以从商品消费中获得20%至71%不等的返利,网站还保证会逐步退还保证金。作为渠道商可以推荐其他渠道商,被推荐的渠道商预订消费的PV量会视为该渠道商的PV量。渠道商累积的PV量达到相应的数量,级别会有所提升。

在渠道商的力挺和加盟下,"TPY直购网"发展速度迅猛。但拉人头、发展下级渠道、回报积分、折扣返利,这种所谓的BMC新模式从推行开始就一直被质

疑传销，甚至还引发了相关部门的调查。

2010年，相关部门以"JC生活"涉嫌传销展开调查，不过随后因为证据不足撤案，"TPY直购网"经营模式似乎得到了官方的认可。但对BMC模式的传销质疑并没有因此而停止，而是在压抑了将近一年之后彻底爆发。

2011年7月，某市工商局接到群众举报，"JC生活"利用"TPY直购网"开展非法传销活动，该局依法冻结了"JC生活"违法资金4000万元，并对该公司做出了没收违法所得3370.8万元，并罚款200万元的行政处罚决定。"JC生活"不服从判决，状告该工商局行政处罚不合理。"TPY直购网"引发的争议越演越烈。

2011年8月，商务部国际贸易经济合作研究院信用评级与认证中心表示，授予唐某的"诚信中国·创新先锋人物"证书已经失效，唐某不得再宣传获奖情况。

2011年10月8日，"TPY直购网"涉案人员尚某、盛某被当地检察院以涉嫌"非法组织、领导传销活动罪"批准逮捕。

2011年9月，"JC生活"委托律师事务所邀请了5位法学专家对BMC模式进行论证，5位专家出具了法律意见书，认为"在有关部门没有对BMC商业模式的性质进行界定的情况下，行政执法机关和司法机关不宜对该商业模式按照传销活动来对待"。

网站创始人唐某接受采访时曾经表示，"TPY直购网"要求合作企业必须有营业执照，签订合同后还有冷静期，在冷静期期间可以无条件退款。

一位法律专业人士分析，"TPY直购网"的BMC模式构成传销的关键是，商品的销售和PV积分的推广销售哪个是网站的主要工作。其中，还有一个关键问题是"这个网站的盈利点在哪里，盈利能否支撑其高额的返利"？如果网站在实际运作时，盈利方式主要靠"拉人头"来实现，那就是非法传销。

一位退出"TPY直购网"的消费者表示："对于投资的消费者来说，拉人头、发展下级渠道商是最划算和赚钱的选择。"

事实上很多类似的网站没有明确的盈利模式，或者经营的利润远远达不到其返出去的利润。BMC 模式即便不被认定为传销，也有很高的投资风险。这套"看上去很美"的商业理念和模式，没有把经营重点放在产品上，而是放在招商上。

2012 年 3 月 22 日，"JC 生活"状告某市工商局行政处罚一案经过二审判决，认定"JC 生活"及旗下"TPY 直购网"属于网络传销。与此同时，另外一省的某市中级人民法院对于"JC 生活"及旗下"TPY 直购网"有相同的认定判决。

紧接着，山东三级诚信渠道商张某在某市中级人民法院起诉"JC 生活"及旗下"TPY 直购网"传销，要求讨回自己 35 万元保证金及其他损失。

2012 年 12 月 18 日，"JC 生活"及其电商平台"TPY 直购网"涉嫌传销一案开庭，创始人唐某等 8 人出庭，是否为传销成为控辩双方争论的焦点。开庭当日，有不少渠道商来到法院，他们紧张地关注着案件的审理进程，因为"TPY 直购网"一旦被判传销，他们交给公司的款项将可能被冻结或质押。

2013 年 8 月 30 日，持续了八个月之久的"JC 生活"传销案终于宣判。某市中级人民法院一审以非法组织、领导传销活动罪对"JC 生活"负责人唐某判处有期徒刑 10 年，罚金 4000 万元，两名被告无罪开释，其他 5 名涉案人员分别判处有期徒刑 3 年至 8 年不等的刑罚，同时判处追缴各被告人违法所得。

一审判决之后，6 名被告人不服判决纷纷上诉，唐某的辩护律师为翻案积极奔走。2014 年 5 月 29 日，"JC 生活"传销案终审宣判。判决维持一审原判，持续两年之久的传销案在法律上终于画下了句点。

2008 年 12 月以来，短短三年多的时间里，"TPY 直购网"发展会员 680 多万人、涉及全国 30 个省份、收取保证金高达 38 亿元。该网站披着"电子商务"的外衣，用巨额获返利作为诱饵，缔造了一个"网络传销帝国"。

与其他传销案件不同，"TPY 直购网"发展会员进行传销的活动一直非常高调。"TPY 直购网"精心设计虚拟货币 PV、BMC 商业模式、太平洋 SNS 社区等令人眼花缭乱的概念。网站不断通过招商会、高峰论坛、互联网、新闻媒体等各种形式，对其经营模式和经营状况进行宣传。"JC 生活"用尽各种方法获得名头大、光环闪耀的奖项，并使其成为宣传推广的筹码。通过玩概念、傍权威、雇水军等手段，

悉心包装的传销致富神话，很具迷惑性和隐蔽性，使不少人上当受骗。消费者难以识破骗局，一旦深陷其中，又抵挡不住高额利润的诱惑而越陷越深。甚至在相关涉案人员被捕之后，还有很多渠道商依然在坚持做"TPY直购网"这个投资项目。

商业创新模式下的传销骗局

"TPY直购网"的BMC模式打的是营销模式创新的旗号，实际上是一种虚假投资模式。这种所谓的商业模式创新，不仅仅是"TPY直购网"一家网站，2012年8月注册成立的"G网"同样打着创新商业模式的旗号。"G网"以40岁左右成功人士为主要客户群，曾经一度被吹嘘为互联网电子商务最大的机会。

"G网"自2013年起，以即将于英国上市为由，向社会公众发售原始股。"G网"所谓的原始股是分阶段发售的，第一期是"G网商城"，第二期是"G网通"，第三期是"GX商城"。该网站声称第一期"G网商城"已在英国上市，但是给股票认购者的交易平台网址却处于美国服务器。据业内人员分析，"G网"所谓的第一期在英国上市的股票没有证监会批准，没有正规的股权变更登记流程，也没有股票发行须公开的资料，是非法发售的股票。

而"G网通"则是一个超高回报的实体终端机，是"G网"创造的整合线下资源的工具。把"G网通"放到"G网"线下店铺，消费者到某家有"G网通"的店铺消费，就可以通过"G网通"上到网站并注册成为会员，这个会员去任何一家"G网"联盟商家去消费，都与最初的这家店有关系。从商业的角度来说，"G网"做了一个消费整合，充分整合利用了顾客消费资源，这就是所谓的"G网通"的商业模式，而投资"G网通"之后的回报也明显高于一般投资项目，据计算投资10万元两年之后就会返还20万元。有业内人士分析，该实体终端机就是一个实体的幌子，让投资者认为它是合法的，可是正规的企业不可能有37%的年回报。

"G网"夸大自身规模和发展前景，利用超高回报的"G网通"向公众募集资金，涉嫌非法集资。另外，"G网"投资者如发展亲友购买股票或终端机，还将获得8%的提成，这明显是拉人头返利的形式，已经涉嫌传销。

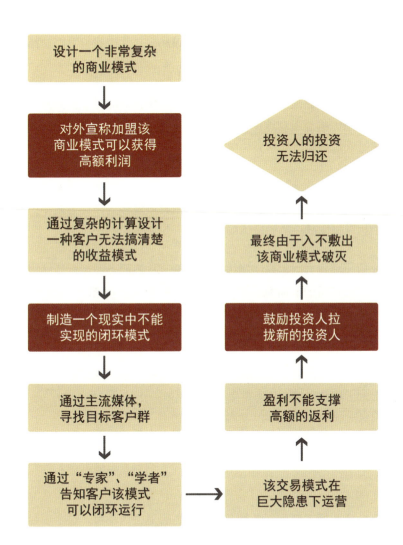

注：图中红色标注部分是该类骗局的关键环节

文中案例属于典型的虚构交易模式投资骗局，从文中我们可以总结出以下几个关键点。

首先，当一个商业模式，以层层返利的形式存在的时候，投资人一定不要被高额利润所迷惑。层层返利这种模式本身就有很大的风险，根据相关法律规定，返利机制超过 3 层就可以认定为传销。

其次，如果一个商业模式很难被理解，尤其是他们宣称的体系是一个虚拟的闭环系统，这个模式很有可能是一个骗局。在其所宣称的闭环模式中，所有的程序都是他们自己设定的一种假设情形，这是一个很隐蔽的诱导过程。

这种虚拟闭环模式很复杂，常人很难理解，从表面上看能运转得很好，其实经不住推敲，他们所说的商业模式在现实生活中是不可实施的，其闭环模式在现实生活中也不会出现。现实生活中所出现的所有商业模式，均与他们谈论的模式和概念无关，而所谓的商业模式根本不存在。

最后，在返利机制中，如果返还的利润远远高于正常返利水平，它很可能不是真实的盈利，而是用后面的会员交纳的钱来返还之前会员的利润。

由于案例中的商业模式是虚构的，其所承诺客户的巨大的利润和收益，其实最终都是用后面客户交的钱还前面客户的收益，以吸引前面的客户发展更多客户进入。

如果一个商业模式在拿到会员缴纳的钱之后是去做项目，这个项目就是合法盈利的项目，如果拿到钱之后是给之前的会员返利，那么这个商业模式一定存在问题。

财富挖掘机

全球第一台可以边学习边赚钱的平板电脑

Wealth
Excavator
财富挖掘机，让学习赚钱

金融学习 8 大痛点

1、都知金融赚钱，不知从何学起
2、无背景无资源，入门举步维艰
3、报班N多，学习毫无收获
4、工作忙时间少，学习总是两地跑
5、学习问题无处咨询，实践无人指导
6、专家大师理论头头是道，谈实操只言片语
7、网络发达骗局多，提心吊胆难避祸
8、国家政策难把握，好商机不断错过

[财富挖掘机——您最值得信赖的金融助手]

真正实现 0 基础学习，解决金融学习痛点，成就您的金融大师梦想。

入门 ▷ 精通 ▷ 只需 **1** 个月 ◁ 大师 ◁ 小白

1 课程体系

金融课堂

时事评说

圈里圈外

妙招问答

金融百科

中国文化

2 金融百科知识查询

历时五年专业研究，打造国内唯一金融百科知识查询平台，收录词条近万条。

3 金融互动论坛

超万名金融从业者，互动讨论当下金融热点，机友资源**24**小时无休互换。

4 金融文库

文档查询、文库下载，金融资料全线覆盖，让您的金融之路更为便捷。

5 线下活动O2O教学

线上每月定期更新2000+小时课程，线下金融名师翟山鹰教授亲自指导实操。

普华证券从业资格考试
全网强势登陆
通过率领跑全行业

6 大优势
SIX COMPETITIVE ADVANTAGES

课程源于业界
COURSES FROM THE FINANCE

数百家金融机构资源全线对接，金融名师翟山鹰教授20年金融从业经验全面支持，课程最前沿、最专业、最实用。

量身定制班型
CUSTOMIZED CLASSES

零基础通关班、VIP签约取证班、金融高薪就业班、金融构架师·证券从业皇家班，多款定制班型，自由选择。

效果有口皆碑
PERFECT REPUTATION

100%考试通过率，未来两年40万证券从业人员的一致选择。

量身定制
为您打开财富之门

普华通关保障
SECURITY CLEARANCE

签订通过协议，不过全额退款，解决学员后顾之忧。

豪华师资团队
POWERFUL TEACHER TEAM

全职讲师、业界兼职讲师、行业专家云集，指导不同阶段的学习需求。

独创4S5A教学模式
ORIGINAL 4S5A TEACHING SYSTEM

10余年金融培训经验，独创4S5A教育体系＋项目实训，每天1小时学习，轻松取证。

财富热线：4008-358-580
普华在线：www.sinobalanceol.com

◣ 防骗关键点提示

当一个商业交易模式自称是创新，其模式复杂，常人很难看懂，而其承诺的投资回报明显高于一般投资模式的回报的时候，很有可能是一个投资骗局。

第14天 14th day
虚构盈利模式投资骗局

今天，我们先给大家分享这样一个故事：

在一个小镇上，每个人都债台高筑，靠信用互相赊欠度日。这时，从外地来了一位有钱的旅客，他进了一家旅馆，拿出 1000 元钞票放在柜台，说想先看看房间，挑一间合适的过夜。就在此人上楼的时候，店主抓起 1000 元钱，跑过隔壁屠户那里支付了他欠下的肉钱。屠夫有了这 1000 元钱，又付清了养猪户的猪本钱。养猪户拿了这 1000 元钱，出去付了他欠下的饲料款。卖饲料的又拿这 1000 元冲到旅馆付了他所欠的房钱。旅馆店主忙把这 1000 元放到柜台上，以免旅客下楼起疑。此时，那人下楼拿起了 1000 元钱，声称没挑选到满意的房间，于是把钱收进了口袋，出门走了。

这一天，没有人生产了什么东西，也没有人得到什么东西，可镇上的人都把债务还清了，大家都很高兴，"如果现金没有流通，店主不动那 1000 元钱，每个人还都是债台高筑，对每个人来说也就没创造出财富"。

这个简单的故事可以用来解释资金的流通原理，但很显然，故事中的资金运作模式违背了价值的规律，资金运转难以长期维系，如果故事中某一个环节的人背信弃义，将资金据为己有，那么这个暂时稳定的资金循环链条就会断裂。

为了让大家更清晰地认清这个貌似合理的故事中存在的疑点，不再卷入此类骗局之中，下面我们将以"MMM 金融互助平台"（以下简称"MMM 互助金融"）涉嫌欺诈的案件为例，揭开此类骗局的面纱。

像病毒一样扩散

"MMM 互助金融"的全称是马夫罗季全球存钱罐（Mavrodi Mondial Moneybox），1989 年，"MMM 互助金融"创立于莫斯科，创始人为谢尔盖·马夫罗季先生。1994 年，"MMM 互助金融"公司的股票暴跌，几百万投资者血本无归，马夫罗季被捕入狱。2007 年 5 月，马夫罗季建立了一个慈善互助金融协助体系——"MMM 互助金融"，并先后进入印度、南非、印尼等国家，会员人数超过 1 亿人。

2015 年初，"MMM 互助金融"隐秘进入中国，最早出现在福建、浙江等发达地区，之后开始在全国范围内蔓延。与那些烧钱打广告的 P2P 平台相比，"MMM 互助金融"几乎没有花费过一分钱的广告费，就聚集了上百万的投资者及数百亿元的资金规模，扩散可谓神速。

公开资料显示，"MMM 互助金融"的传播方式主要有两种。一方面，是用户之间的口口相传。一名投资者对媒体表示，知道"MMM 互助金融"源于朋友的推荐，她周围的同事、朋友包括闺蜜大家都在投资"MMM 互助金融"，一开始也有点怀疑，但看到亲戚提现以后，就基本消除了戒备心理。另一方面，是"MMM 互助金融"公司内部人员的自费推广。"MMM 互助金融"领导人每成功推荐一位用户，可以获得不菲的佣金。实力稍弱的领导人靠贴吧、QQ、微博推广，实力雄厚的领导人则大手笔投入百度推广。

高息诱惑，无法抵挡的贪婪

警方调查资料显示，"MMM 互助金融"主要通过设置一整套精密的系统对会员的资金进行匹配，让会员之间相互帮助来实现金融资源的共享，获得收益。在该联合组织中，会员提供资金入场叫做"提供帮助"，将资金提现离场叫作"获得帮助"，"提供帮助"的会员用投入的资金购买系统中的"马夫罗"虚拟货币，用于会员间的交易。

会员先确定投资额度（60元～6万元）和币种（比特币或人民币），再由系统匹配需要卖出马夫罗币的会员。系统每次匹配的时间为1～14天，在匹配排队时，仍享受每天1%的收益，收益以账户里增长的马夫罗币体现。

也就是说，每个会员在为期一个月的投资过程中，需扮演投资人和借款人两种角色。当匹配成功后，买家A可看到卖家B的网名、电话、银行卡号或支付宝账户，以及卖家B"线上"的相关信息。买家A需要在72小时内通过银行或支付宝转账给卖家B，并上传打款凭证。卖家B也需要在72小时内确认收款。卖家B完成他的投资并获利退出，而买家A的投资人身份发生转换，买家A投资后获利。

简而言之，"MMM互助金融"就是新入场的会员将手中的马夫罗虚拟货币转账给之前入场的会员，帮助之前入场的会员实现马夫罗增值。新入场会员的马夫罗增值将由下一批进场的会员转账获得。

根据"MMM互助金融"网站上挂出的复利投资回报表计算，如果一名会员投入了500元的资金，以复利的方式滚动计算，一年本金加利息可收益11,633元；以最高6万元投资额为例，12个月后就能变成1,397,873元。

这也是"MMM互助金融"最吸引人的地方。有受害者对媒体表示："朋友聚会时大家都在谈'MMM互助金融'多么能赚钱，刷微信的时候也能看到大家对它的宣传和评价，低投入、高收益，面对诱人的30%的月收益率，周围的好多人都在投资'MMM互助金融'。"

受害者王某对媒体表示，听了朋友的介绍，自己在"MMM互助金融"平台上投了1万元本金，一个月后账户上有1.3万元的回报。按捺不住内心的激动，王某又投入了3万元的本金，三个月后拿到了3.9万元的回报。被财富冲昏了头脑的王某一次性追加了15万元的本金，一个月后他想查查账户上的资金，让他做梦也没想到的是，"MMM互助金融"的网站怎么也登不进去，电脑也提示有风险。

温州的李某在接受媒体采访时表示，她妈妈经人介绍，好像加入了一个奇怪的组织——"MMM互助金融"社区，听人说每月收益可达30%。李某表示，仅她母亲加入的微信群就有三四百人参与，其中不乏银行从业者、企事业单位工作人员等。为了能够赚到更多的钱，他们通常还会拿别人的身份开户，实际上投入远超 6 万元。

资金不断循环的秘密

"MMM 互助金融"的模式简单来说就是借新还旧，用后来加入的投资人的钱来支付之前加入的投资人的利息和短期回报。与 P2P、众筹等常见的互联网金融模式相比，"MMM 互助金融"没有实体项目，"提供帮助"和"接受帮助"的人之间不存在借贷关系，取得的收益也不属于投资回报。那么，"MMM 互助金融"支付给会员的 30% 的高收益从哪来？

搜索"MMM 互助金融"社区的网页发现，30% 的月收益率只是其中一部分。除了利息外，"MMM 互助金融"还设有"推荐奖"和"管理奖"："推荐奖"即每个会员可以获得其邀请的参与者的投资金额 10% 的奖励；而"管理奖"则针对拥有团队的领导人设置。

对于其发展的第一代会员，领导人可以获得所有第一代会员投资额 5% 的奖励，而对于第一代会员发展的第二代会员，领导人可以获 3% 的奖励，以此类推，第三代会员的奖励为 1%，总共可累计到第四代会员，奖励为 0.25%；而如果经过 MMM 认可并培训成为经理的话，则可以不再限于会员的层级，拿到"无限代"的奖励，最低层级为 0.01%。

一名投资人指出，"MMM 互助金融"并不是靠项目和产品来赚钱的，而是靠发展新会员赚钱，简单来说，"MMM 互助金融"的模式就是会员间的资金不断进出循环，资金流产生利润。

据一位知情人士透露，"MMM 互助金融"涉及的资金最少百亿元，每日产生的利息高达 1 亿元。"MMM 互助金融"在国内运营超过 200 天，按照平均一天 1 亿元利息算，至少产生了超过 200 亿元的利息。"这么大的资金量，崩盘是迟早的事。"这位知情人士说，在国外能够运营几年，那是因为细水长流；在国内不到一年倒下，那就是山洪暴发。一则是资金量太大了，二则是负面报道引来挤兑，加速了"MMM 互助金融"的崩盘。

暗箱运作，投诉无门

有投资者表示，自己投进"MMM 互助金融"的几十万元资金无法提现，去派出所报案，但公安机关并未受理。

由于"MMM 互助金融"在中国并没有注册公司，也没有固定的办公场所，就连服务器都放置在海外，"MMM 互助金融"就像影子一样，公安机关根本无法介入调查。

也有法律界的人士表示，"MMM 互助金融"的打款方式是个人对个人，受害者投诉 MMM 平台根本就没有用，唯一的可能就是利用打款记录去起诉收款人。A 去追查 B 的钱，B 去追查 C 的钱，而彼此之间并无直接的沟通和联系，证据的获取难度很大。

对于海量的受害者而言，除了等待奇迹的发生或许别无他法。

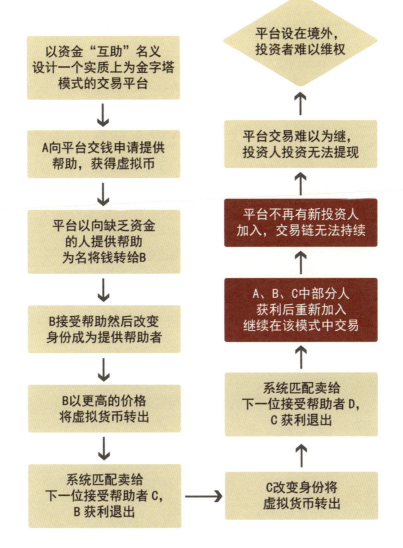

注：图中红色标注部分是该类骗局的关键环节

"MMM 互助金融"的案例我们可以从以下几个方面来分析：

首先，该模式在中国境内不受法律保护。该公司在中华人民共和国境内没有注册公司，没有固定的办公场所，所有的行为都不受法律的保护。在国外，类似"MMM 互助金融"的平台很多，成本十分低廉。操控者只要购买一套程序，然后再注册一个域名，在境外租用一台服务器，就可以上线开张了。

此类平台利用人性的贪婪，前期先花点钱让投资者尝点甜头，很容易通过口碑发展起来，然后再把钱套出来。一旦被调查，立刻关掉服务器，清除所有的数据，换个身份重新再来。

其次，无论任何金融平台，如果你不知道资金的循环模式，那么这个模式本身就可以认定为是危险的。无论是古老的庞氏骗局，还是现代变异版的各种传销骗局，都存在一个虚构的赢利点作为支撑，把所有的资金先集中于此，再分发回报。在"MMM 互助金融社区"借贷，不需要房子车子抵押，只要所谓的"请求协助"，而这个"请求协助"就来自于之前的投资。

也就是说，"MMM 互助金融社区"根本不在乎借钱的人是否跑路，借钱人的投资是否会有 30% 的月回报，因为这个借贷关系本身就是虚构的。"MMM 互助金融社区"不存在需要"借钱"的人，也不存在还款机制，借钱的实际是"投资"完成提现的人。从头至尾，"MMM 互助金融社区"就是一个标准的金字塔骗局。

◼ 防骗关键点提示

在中国境内没有注册公司的平台，投资者不要参与。如果不知道该类平台的利润从何而来，投资者不要参与。

第15天 15th day

虚假利益传递投资的风险陷阱

互联网金融近年来发展迅猛， P2P金融平台更是层出不穷。据了解，目前国内仅仅是做社交金融的企业就有十多家。

2015年，又一家基于熟人间借贷的P2P平台横空出世，依托实力雄厚的某上市集团，财大气粗，高调张扬，就像一个含着金钥匙出生的富二代。在苹果App Store和所有主流安卓应用商店同时上线。

该P2P平台由一家名为"R科技有限公司"（为便于表述，后文简称为R公司）推出，由某上市投资集团控股。该集团专注于股权投资，国内市值1000亿元，实力雄厚。该平台独创了"单向匿名借贷"和"零成本赚利差"等特色功能，风头一时盖过其他互联网金融产品。

然而，该平台过于高调的推广手段，在迅速吸引了大量客户的同时，也受到了很多人的质疑。其营销手段备受争议。"传销门"、 "银行卡绑定后被盗钱"，线上话题不断，线下地推到处拉人注册、返现、送玩具，同娱乐圈跨界合作，话题不断、争议不休，俨然就是新时代的网红。

我们普华商学院市场部同事邓老师，在上班的路上就遇到了该平台的地推工作人员。地推人员向邓老师介绍，他们独创了"单向匿名借贷"和"零成本赚利差"等特色功能。邓老师不禁产生了疑问：无本赚熟人的利差那么容易？借款人逾期

不还，出借人怎么保障自身利益？

今天我们就来讨论一下该平台华丽伪装下的真实面目。

拉人返现，迅速扩张

在微信朋友圈的推广活动，让这款上线不到两个月的 App 平台一夜爆红。它采用二级奖励模式：用户在平台注册、绑卡，可获得 20 元现金。如果甲邀请乙注册、绑卡，甲还将获得 20 元现金。且相关的奖励呈"金字塔"形状，"如果甲成功邀请了 100 位新用户，可获得 2000 元。这 100 位新用户每个人再分别邀请 100 位用户，甲即能获得 10 万元"。

如此土豪的推广方式是否有足够的资金支持？面对广大网民的疑问，该平台很快给出了回应。2015 年 8 月，该平台官方宣布，已经完成了 20 亿元的首轮融资，这一数字刷新了互联网金融首轮融资额的纪录。为了证明融资的真实性，该公司还公布了一家会计师事务所出具的验资报告。

之后该平台凭着与娱乐圈的跨界合作，又火了一把。有相关负责人透露：仅仅是推广费用，就已经由起初的 20 亿元追加到 60 亿元。上线不到两个月时间，该平台估值已超过 200 亿元，一组组数据刷新着网民们的认知。

由于推广活动提前造势，吸引了广大网民的参与，活动一开始，该平台的服务器就被挤爆。事后相关方披露的数据显示，当时大约有 3000 万人次登陆 App 平台，同时还遭到了黑客的攻击。无论系统崩溃的原因是什么，我们不得不承认它的推广活动很成功。

邀请好友注册的信息在熟人圈子中广泛传播，一份从该平台内部流出的数据显示，该软件注册绑卡人数很快就超过了 1000 万人。这家含着金钥匙出生的 P2P 平台，可谓"一步登天"。

强势的营销模式在将其产品迅速推入人们视线的同时，也将其置身于舆论的风口浪尖。

开始推广之后，该平台迅速遭遇"传销门"的负面质疑。其推广模式在业界备受争议，众多网友担心其涉嫌传销。

有相关专业人士表示，从互联网金融的角度来看，该平台的做法是可以成立的；但从金融角度来看，就会有传销的嫌疑；从资金轨迹上来看，它的确也有违规的可能性。

"熟人借贷"的安全隐患

和传销嫌疑比起来，广大注册用户更多关注的是该平台的产品设计和安全性的问题。该平台的定位，是熟人间借贷平台，好友来自真实的朋友圈，经过实名认证。当注册用户需要借钱的时候，一键发布借款信息，不需要任何审核，借款期限、利率、金额由用户自己决定，用户的朋友可根据用户的身份快速准确评估风险，做出决策。这是该产品设计的初衷，但这里面却隐藏着巨大的安全隐患。

首先遇到的就是注册信息安全问题，一般的互联网金融支付平台只需要姓名、手机号、银行卡号、身份证号四个要素，该平台却要"五要素"认证，第五个要素是"银行卡密码"。该平台五要素认证的创新，让广大网民一时间难以适应，甚至怀疑其会不会有盗刷的行为。该平台则表示，关于"银行卡密码"认证，是响应银联的要求，增加这一要素，将有效防范不法分子冒用用户名义与他人发生金融交易行为的风险。

该平台一再强调银联校验个人身份信息，杜绝隐私泄露风险，账户安全也由相应的保险有限公司承保。他们宣称，为防止信息泄露，他们和相关机构合作，采用了先进的技术，其对技术投入在行业内当属前列。

很可惜，尽管平台方对软件安全性做出了大量承诺，可是网民财务信息泄露，银行卡被盗刷等负面消息还是纷至沓来，网民的质疑声音越来越多。

连续遭遇"传销门"和"银行卡绑定后被盗钱"等一系列负面质疑后，该平台在全国合作的地推团队以微信红包等方式进行的推广传播，更是让它的信誉危机雪上加霜。仅在"知乎"上，关于该平台安全性的相关话题关注的人数就超过了600人。

其实基于熟人之间的借贷，该平台并不是首创，早在他们之前，国内就已出现类似平台。和所有社交借贷平台一样，他们同样面临着熟人借贷之间的情感难题。为了避免熟人之间的借贷尴尬，该平台选择了单向匿名的形式，当你借钱给朋友时，你可以自由选择朋友发布的借款项目匿名出借，获得利息收益，你的朋友无法查看你的身份，保证借款资金安全。

而最早的某社交群体贷款中介 LC，2007 年上线的"合作性的 P2P 贷款服务"，仅仅 6 个月就以惨败收场。

受传统社会环境影响，中国借款人有个普遍特征：他们认为借款是件"丢人"的事，所以不希望自己的借款行为被别人知道，特别是熟人。该平台所选择的是借款人实名，出借人匿名，这个选择的正确性还真的有待市场的检验。

除了上面说的这几点，该平台还首创赚利差功能，无需投入任何成本，只要在修改原始借款利率后，将好友的借款信息转发至自己的朋友圈，即可赚取利差。此外，赚利差功能不局限于 3 人之间，可以有多人加入，最终形成一个赚利差的链条。如果原始借款人取消借款标的，那么此链条上衍生标的也会取消。原始借款人按时还款后，该平台系统会自动完成赚利差链条上每个借贷关系的还款。

"赚利差"看似是一键轻松发起，坐享收益十分便利，但要十分留意的是，赚利差借款成交时，相关借贷关系也发生了改变。如果原始借款者逾期未还，赚利差者需要承担按时还款的责任与义务。

还有关键的一点，该平台不提供任何担保，出借人须自行判断借款人的信用，并承担相应的风险。平台也不会垫付任何借款，如果借款人发生违约，平台会通过全方位立体追债系统全力帮助出借人收回借款。从短信、电话提醒到上门催缴，再到申请法院强制执行判决，失信严重的借款者甚至会被记入全国法院失信被执行人名单。在整个过程中，会有来自顶级律师事务所的法律专家为用户提供全方位的保障。

该平台官方表示，他们依托上市集团的安全风控经验，结合新的业务模式，建立了全方位立体催收体系。其中包括催收管理中心、呼叫中心、诉讼中心和遍及各省、市、重点县的合作催收团队。

相对于普通的网民关注产品设计的功能性和安全性，业界更关注的则是作为熟人借贷平台的可行性。相关人士表示："这个开发难度远比想象的大，很多公司只是冲着这个概念来做，产品本身并没有发挥社交金融的精髓，目前的社交借贷平台都处于摸索试水阶段。"

按照该平台的观点，出借人通过对借款人的信用评估，将钱借给自己认为可靠的人，风险大大降低。建立在熟人关系上的借贷关系使得违约成本增加，借款人一旦违约，将导致自己在朋友圈的信用破产。

该平台基于熟人间借贷的模式，受到了业界质疑。业界相关人士认为，在熟人借贷和社交金融模式看来，目前中国还没有一个健全的社会信用体系，还做不到让一个失信的人在社会上寸步难行。熟人借贷模式并不能避免违约，而很多民间借贷资金链断裂，甚至大量非法集资，都是熟人模式。

实际上，熟人借贷一旦出现问题，最终的解决手段仍有赖于法律程序。在该平台上，一旦线上催收不成功，熟人间的匿名机制其实也就只剩一纸空文了。而其宣称所谓的贷后催收也只能止步于为出借人提供起诉至法院的证据，熟人社会关系最终的结局也是破裂。

2015年7月18日，央行会同相关部委联合下发的《关于促进互联网金融健康发展的指导意见》，已将网络借贷纳入互联网金融监管体系。再加上经济持续下行，大量P2P产品收益率缩水50%，P2P行业正在经历一场寒冬。作为一款在2015年6月才上线的P2P产品，一经面世就遇上了监管层整顿P2P等互联网金融行业的窘境，也许是"生不逢时"。2015年一大批知名P2P公司落马，而这家平台一经上线就自带话题，靠烧钱走红，到底能走多远我们不得而知。

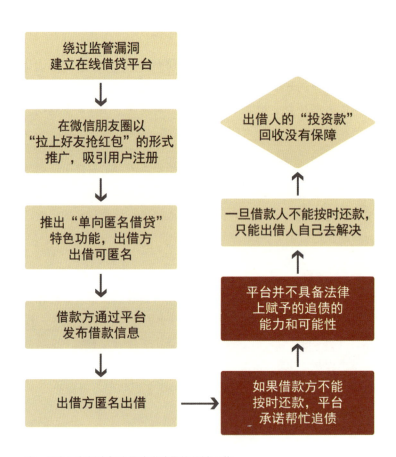

注：图中红色标注部分是该类骗局的关键环节

　　个体网络借贷平台的设立，需要经过国家相关部门审批，有关银行提供存管协议，否则不具备协助出资方和借款方之间借款居间业务的资格。而我们说的这家平台并不具备借贷平台的职能，对于出资方和借款方而言都没有保障。

　　所谓基于熟人间借贷的社交借贷平台，它的业务范围属于民间借贷的范畴。民间借贷借款人和出借人之间手续比较复杂，如果不严格按照民间借贷手续执行借款，出借人出示的文件在法律上有可能无效。

　　单向匿名功能，出借人匿名，会导致借款人手中显示的资料和被借款人手中显示的资料不能一一对应。平台方并不能提供一个标准的借条，出借人提供的所有资料和程序在现有法律上很难被支持。至于所谓的"赚利差"功能，更是没有相应的法律体系来保障出借人的权益，一旦出现问题，赚利差的人维权难度更大。

　　关于债务的追索，在中国只能由公检法机构按照相关法律实施，P2P平台并不属于公检法相关机构，没有追债的能力和可能性。平台也不是国家信誉部门，不能把欠债不还的人列入黑名单或信誉系统。平台所谓的上门催收，其实本身就是一种违法行为，公民的自由权利是神圣不可侵犯的。一旦借款人不能按时还款，只能出借人自己去解决。

　　类似的以中介的方式提供借款和被借款的平台，都要替借款人承担相应的风险责任，先行赔付。至于用户的财务信息等个人信息的安全问题，现在依然存在技术上的难点，该平台方没有办法给予万全的保障。保险公司的承保，一般也只是打擦边球，做一些擦边的承保。

　　通过该平台借款，由于没有完整的法律借贷的手续，很难受到法律的保护。根据2015年开始实施的《最高人民法院关于审理民间借贷案件适用法律若干问题的规定》，此类借款即使出现了不能还款的情况，向人民法院提起诉讼，法院不予受理。在这个过程中，中介平台不会承担法律责任。

此外，该平台的推广模式，有可能涉嫌传销。2010年《最高人民检察院、公安部关于公安机关管辖的刑事案件立案追诉标准的规定（二）》明确规定，组织、领导以推销商品、提供服务等经营活动为名，要求参加者以缴纳费用或者购买商品、服务等方式获得加入资格，并按照一定顺序组成层级，直接或者间接以发展人员的数量作为计酬或者返利依据，引诱、胁迫参加者继续发展他人参加，骗取财物，扰乱经济社会秩序的传销活动，涉嫌组织、领导的传销活动人员在三十人以上且层级在三级以上的，对组织者、领导者，应予立案追诉。

◤ 防骗关键点提示

大家一定要冷静看待熟人借贷平台赚钱的问题，不要造成信息泄露困扰不断、钱借出去追不回来、打官司却上告无门、社会关系破裂无法弥补等不可挽回的后果。

第16天 16th day

虚构经营利润投资骗局

"刷单"，就是商家自买自卖，利用各种手段虚报经营销售业绩，欺骗和误导消费者和投资者。"刷单"这种虚假制造销售业绩的方式，是否真的大量存在？

近日，很多网购消费者拨打我们商学院 400 防骗热线，称其被某店铺较高的人气和交易量吸引，买了商品后发现被骗，质疑该店存在回购和循环交易刷单行为。

什么是回购和循环交易？简单来说，就是商家自买自卖，貌似生意兴隆，其实就是为了赚人气，吸引投资者往里面砸钱。

很多表面上的繁荣，在给企业带来虚假高业绩的同时，也蒙蔽了消费者的双眼。笔者不禁想起了曾经在服装行业里混得风生水起的一家企业，本文通过分析此案例，使大家明白"有图不一定有真相"。

构建"完美"的商业模式

2002 年，多次创业失败的欧某经过长期的思索，决定创造一种新的运营模式来颠覆现有的服装业运营模式。1998 年，一场金融危机让我国服装业产能过剩的问题暴露无遗。很多商业中心由于位置原因，招商不畅而闲置。欧某深有感触，他认为将剩余的服装和商业地产通过一个平台来完美连接，将是一种前所未有的

生意模式，于是，"×T×T"的雏形在他的脑海里涌现出来。

"×T×T"在中国的服装、百货连锁零售行业可以说是一个奇迹。短短三年时间，公司的业务规模、分店数目及营业金额等均呈几何式的增长，获得VC/PE的疯狂追逐并获得巨额投资回报……

2004年9月16日，"×T×T"在深圳开设了第一家会员店。"×T×T"贴心的会员式服务、宽敞舒适的购物环境、72小时无条件退换货物的服务承诺、处处领先的商业设施迅速赢得了消费者的青睐。

值得一提的是"×T×T"的 "会员制"，"×T×T"的商品零售标价和会员价通常相差太多，所以消费者一般都会花三五十元办一张会员卡。此外，"×T×T"通过会员制的推广模式，利用会员的有效资料，通过手机短信平台、DM直邮、会员联谊活动等，使"×T×T"与会员之间的相关信息真正实现互动，从而培养了一大批"×T×T"的忠实消费群。超越常规的服务增加了顾客的黏性，办会员卡帮"×T×T"预先获得一大笔资金。

"×T×T"打破了传统投资者与业主租赁协议不合理的关系，以"零货款、零租金、零库存"的模式组成合作投资者、物业方、供货商的"铁三角"组合模式——手握一系列服装商标品牌的"×T×T"、生产过剩又付不起商场进场费的中小型服装代工厂、拥有大量闲置物业的地产商。

"×T×T"的"铁三角"模式之所以能吸引很多物业方和供货商与其合作，是因为"×T×T"不仅提供给他们品牌、免费渠道，长期的租赁合作，还能够提供现金流。

"×T×T"有一套涉及财务、销售、人事等内容的IT系统。物业方和供货商可以随时查询销售额。"×T×T"在结款方面也很慷慨：一般半个月结一次，遇到资金量大的情况，供货商可以申请一周一结。一家"×T×T"的供货商负责人称："在其他的销售商那里，我们不知道自己的货卖的怎么样。在'×T×T'不仅这些信息都可以查询，而且商品的价格透明。"

2005年10月1日，短短一天时间内"×T×T"在广州、深圳、东莞、山西、沈阳、石家庄、重庆等省市开设了 10 家分店。"×T×T"飞速的开店速度源于"×T×T"对所有非商品物资进行标准化设计，大到收银台、货柜、展示台，小到挂钩、展架、展板，全部按大工业生产的要求进行设计制作，工程人员按图进行现场组装，极大地节约了时间。

800 家门店的"商业帝国"

成立仅 3 年，"×T×T"在全国 300 多个城市开设了近 800 家店。2007 年中国服装协会统计数据显示，"×T×T"开店速度世界第一。仅 2007 年 5 月和 10 月两个黄金周，"×T×T"就创下了一周新开门店 60 家和 100 家的纪录。其扩张速度足以令苏宁、国美汗颜。"×T×T"的销售额也从 2004 年的 546 万元提升到 2007 年的 40 亿元左右，据称净利润 10.4 亿元，大约相当于当时李宁和安踏两家公司的利润总和。据胡润百富榜统计，2007 年，"×T×T"创始人欧某的个人资产达到 100 亿元，在零售榜上名列前茅。据当时的一家基金公司计算，一旦"×T×T"上市，其估值在 1600 亿元，欧某可能成为新的"中国首富"。这种不可思议的增长速度震惊了业界。

"×T×T"独创的商业模式在支撑其飞速发展的同时，也吸引着一些投资人疯狂追捧。一位国际数据集团在深圳的负责人刘某就对"×T×T"非常推崇，他甚至以天使投资人身份入股"×T×T"。2006 年 LS 中国资本向"×T×T"投资 5000 万美元，之后接触"×T×T"的投资方络绎不绝。2007 年 3 月，"×T×T"完成第二轮融资。除 LS 中国资本外，投资方还有摩根士丹利、DEL、GS 等知名投资机构。后来，ML（亚太）有限公司也入股"×T×T"。"×T×T"成立仅四年，其估值就被膨胀至千亿元以上。

开门店"×T×T"可以很快完成，但品牌的打造却不是一蹴而就的事情。欧某的设想很好，他想在证明"铁三角"模式行之有效后，再花费时间提升产品质量和服务能力，让"×T×T"的品牌可以走过一个圆润的上升曲线。

但"×T×T"凭借什么建立自己的品牌？毕竟所谓的商业模式和消费者没有直接关系。至于其独特的"会员制"在开始的时候确实吸引了一批消费者，但是怎么能留住现有的顾客，吸引更多的顾客？"×T×T"采用的方式却是欺骗。

"×T×T"一直对外宣称拥有众多服装品牌。根据资料介绍，"×T×T"的每个品牌背后都拥有丰富的故事及理念。一个叫Luodecheng的品牌介绍这样写道：品牌创始人出生在爱尔兰北部的小城罗德城。该品牌创始人的梦想是伦敦、巴黎、及全世界的人都穿上自己设计的衣服，梦想他的家乡罗德城能因他而扬名。所以他的品牌命名罗德城……一百多年后，罗德城不仅在延续着原有的特色与品质，也加入了著名设计师的灵感与才智，在世界服装舞台上绽放着独特的光芒。

稍有常识的人都知道，不会有英国人用汉语拼音注册品牌，"×T×T"旗下的国际著名品牌都是类似的伪品牌。这些山寨品牌对顾客并没有真正的吸引力。除此之外，"×T×T"的供货商提供的商品大多为积压的库存商品，款式很难得到顾客的认同，而"×T×T"偏远的店面更是鲜有人光顾。

欧某为了追求所谓的规模，在短时间内为"×T×T"搭建了一个华而不实的花架子，然而是否盈利才是广大投资者关心的问题。在这方面，"×T×T"犯了第一个致命的错误——财务造假。

截至2007年12月31日，"×T×T"全国共开设店铺722家，总营业面积136万平方米，年销售额为40亿元。根据"×T×T"官方公布的这组数据，有人推算出，"×T×T"单位面积的日销售额不到10元，而行业平均单位面积的日销售额在30元左右。相关人士表示，"×T×T"的盈利能力值得怀疑。但"×T×T"公布的2007年的利润竟然达到10亿元，实在令人难以置信。

"×T×T"为了欺骗投行对消费者流量的调查，给每名员工发免费的购物券，要求其分给家人朋友，无偿在店中购买衣物。或者直接分给员工一笔钱，让员工扮成顾客进店购买商品，晚上结账时再将购买的商品退回，如此往复。

"铁三角"模式的分崩离析

摩根士丹利等大牌投资人都相信了"×T×T"的神话，但是香港联交所却并不买"×T×T"的账，"×T×T"在香港联交所的两次上市聆讯都未通过。第一次聆讯未通过，主要原因是联交所并不认可"×T×T"的商业模式，认为"×T×T"独创的模式在现实的商业环境中很难存活。

"×T×T""铁三角"模式精髓是：生产厂家（供应商）负责供货，业主（场地提供商）负责提供物业场所，"×T×T"全面负责店面经营管理，三方再按照60:15:25的比例进行分成。"×T×T"自以为在"铁三角"模式中，有客户、有市场，只要将二者对接到一块，所有问题就能迎刃而解。于是"×T×T"找到一些产能过剩、又付不起商场进场费的中小型服装厂，允许对方使用"×T×T"的品牌贴牌生产消化库存，中小型服装厂可以将生产的产品拿到"×T×T"的卖场来销售，先铺货再结账。同时，"×T×T"又与拥有大量闲置物业、相对偏僻的地产物业商协商，物业方提供场地，通过销售额分成的方式获得收益。

从理论上来讲，"×T×T"的"铁三角"模式看似无懈可击，厂商、业主共同承担风险，按比例分配利润。但是"零租金"的场地选址普遍都很偏僻，客流量很少。也就是说"×T×T"其实是 在没人去的地方卖没人要的产品。

在香港联交所看来， "×T×T"独创的商业模式缺乏可持续性。零售企业的上下游供货关系很微妙，而"×T×T""零租金"、"零货款"的商业合作一旦出现亏损，利益共享的机制就会全面崩盘。按照"×T×T"的扩张规模，有学者估算，如果销售额低于50亿元，"×T×T"的经营就会遇到比较大的困难。从这一点可以看出，"×T×T"上市的动机不纯，目的就是为了圈钱、套现。一开始就是在卖模式而非卖产品，为了追求短期的规模，选址、招人、选货，均是无标准的状态。

如果说商业模式被质疑后，"×T×T"还抱着上市的希望，那么2008年3月的第二次上市聆讯则让"×T×T"上市的希望彻底破灭。此次"×T×T"被否决的理由是其销售数据造假，联交所收到一封关于"×T×T"的匿名信，举报其存在虚增销售数据造假等行为。财务造假和销售量造假阻断了"×T×T"的上市之路。

上市被拒成为"×T×T"最终全面崩盘的导火索，三方共担风险的"铁三角"模式因为出现亏损，面临全面崩盘的危险。"铁三角"模式的弊端正如联交所担忧的一样彻底暴露。

GS、ML随后宣布终止与"×T×T"合作。由此引发了"×T×T"内部大地震：裁员、关店、拖欠工资、拖欠货款等一系列问题相继爆发。2009年8月"RY集团"

放弃与"×T×T"的并购洽谈，此时"×T×T"的最后一根救命稻草落空了。

"×T×T"的神话破灭，刷新了中国风险投资业的头号灾难纪录，如今，服装零售行业的昔日巨头"×T×T"已经淡出人们的视线。

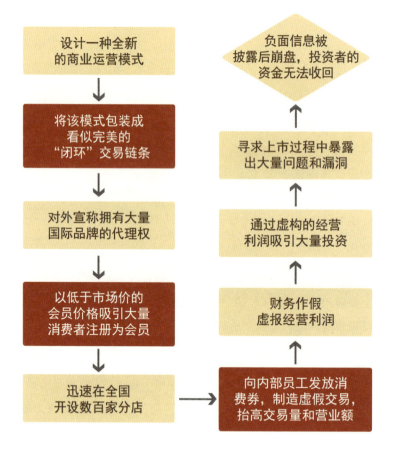

注：图中红色标注部分是该类骗局的关键环节

124

　　"×T×T"的案例，是一个典型的"击鼓传花"的游戏，创始人、投资人、投行，大家都清楚"×T×T"商业模式和运营模式中出现的问题，但大家都心照不宣地指望拉更多的人来拯救自己，不断凭空哄抬公司的估值，一起吹起这个巨大的泡沫。由于在港上市的聆讯未获通过，"×T×T"不断吹大的泡沫彻底破灭。上市被拒可以说是其最终全面崩盘的导火索。

　　这个案例可以从以下几个方面来分析：

　　首先，"×T×T"独创的模式在现实的商业环境中很难存活。"×T×T"自以为在"铁三角"模式中，有客户、有市场，只要将二者对接到一块，所有问题都能迎刃而解。但是"在没人去的地方"卖"没人要的产品"，很难有消费市场。假如"×T×T"希望得到高质量物业，答应给物业商固定的租金，则需要投入一大笔固定成本，开店速度就不可能这么快。

　　其次，"×T×T"独创的商业模式缺乏可持续性。零售企业的上下游供货关系很微妙，其"零租金"、"零货款"的商业合作一旦出现亏损，利益共享的机制就会全面崩盘。相关专家表示，"×T×T"是在卖模式而非卖产品，上市的目的就是为了圈钱、套现。

　　再次，"×T×T"的运营模式存在明显的欺骗行为。"×T×T"的"国际品牌"商标大多是由拼音组成的，这显然是个骗局。"×T×T"为了成长速度牺牲了自身的信誉，类似的行为还存在公司虚构的销售业绩中。为了应对投行对消费流量的测试，"×T×T"让员工扮成顾客进店购买商品。这些都是明显的欺骗行为。

　　除此之外，"×T×T"的扩张速度过快。"×T×T"所采用的模式可以说是服装零售产业罕见的一套速成方法论。通过对比就能说明问题所在：美国最成功的零售公司 Target 发展了 46 年才拥有 1600 家店面。对于"×T×T"来说，生产和销售衣服可以在很短的时间内完成，但品牌的打造却很难速成。

由于扩张速度过快导致"×T×T"的成本大幅增高，公司的管理和人才储备远远跟不上发展的需要。包括麦当劳、肯德基等一些大型的连锁店在内，没有一家公司可以在较短的时间内复制数家店面、培养很多人才。凡是号称 3 年内能在全国甚至全世界开 1000 或 10000 家店的公司可以说都是骗子。

最后，市盈率过高，小心有骗局。市盈率＝每股市价／每股收益，市盈率越高，那么说明投资者预期的每股市价高于每股收益的程度越大，因此，市盈率越高意味着企业未来成长的潜力越大，但是这里并不是绝对的，因为超过合理的范围，市盈率越高，那么企业的风险越大。一般认为，如果一家公司股票的市盈率过高，那么该股票的价格具有泡沫，价值被高估。本案例中，"×T×T"的市盈率高达 25 倍甚至 50 倍，而在美国证券市场，像石油、电力、钢铁、房屋建造等板块通常都是 7 倍左右市盈率，服装、家电、保险、储蓄银行等板块通常都是 11 倍左右市盈率。

◣ 防骗关键点提示

投资者在投资某个项目的时候，不要被一些公司偏高的营业利润所迷惑，要看公司自身的经营状况与发展前景。投资者需要了解公司在行业中的地位、所占市场份额、财务状况、未来成长性等方面以做出自己的投资决策。

第17天 17th day

合作发展投资骗局

2009 年众筹在国外兴起，2011 年众筹开始进入中国，近年来，众筹成为国内合作发展投资的比较热门的方式之一。然而在该模式逐渐流行之际，一系列问题也随之产生，很多人打着众筹的旗号，作出一些涉嫌诈骗的行为。为了让更多的人了解在合作发展投资模式的经营中可能出现的投资风险，我们从"水果 YH"的案例着手，为您做详尽的梳理。

"水果 YH"的神话破灭

"水果 YH 控股有限公司"创立于 2014 年 10 月，注册资本 10 亿元，是一家 O2O 电子商务企业。"水果 YH"紧跟互联网的发展潮流，创立了"水果 YH 模式"，走上了一条截然不同的从线下到线上的逆向发展之路。

创始人易某希望"水果 YH"在完成线下到线上的蜕变之后，最终以社区体验店带动周边卫星店的方式，通过互联网数据打造水果行业的"阿里巴巴"；逐步进入生鲜市场，在全国布局足够的社区店之后逐渐加入其他生鲜的品类。

要实现这一宏大的目标就要在全国各地开设足够多的社区店铺。于是，"水果 YH"加快了线下店铺的布局，短短一年时间，"水果 YH"在 14 个省 20 余座城市开设了近 300 家门店。开设门店需要大量的资金，如果按照平均单店 100 万元的投资额计算，300 家门店至少需要 3 亿元资金的投入。

为了缓解资金压力，"水果 YH"采用了"合伙人众筹"的连锁经营组织方式。"水果 YH"在北、上、广、深每个分店的投资额为 120 万元，其他地区每个分店的投资额为 100 万元。从投资额全额到账的第 45 天开始，投资人可以每月从销售额中分红 10%，分红达到投资额的 2 倍为止。此后，"水果 YH"赠送投资者万分之一的分红股。投资合伙人不需要过多地参与每个分店的选址、装修、陈列、人员培训、市场推广、产品结构分析、经营分析等。

在"水果 YH"的扩张计划中，线下社区店的建设需要巨大的资金投入。而进入生鲜市场，整个供应链体系的构建及营销体系的设计推进更加耗费资金，更加需要不断地烧钱。"水果 YH"披露的信息显示，"水果 YH"主打高品质的水果，因此非常注重供应链的建设，为此"水果 YH"筹建了近 40 个"水果 YH 基地"。为整合供应链、低温仓储和物流配送体系，"水果 YH"还在全国设立了 4 大冷藏库，20 多个地方配送中心。据外界估算，仅此一项，投资额就高达几千万元甚至上亿元。

巨大的资金投入面前，"水果 YH"面临着巨大的挑战。"水果 YH"想到了预存会员卡模式，那么储值会员的收入是否可以缓解"水果 YH"的现金流呢？公开报道显示，从 2014 年 10 月至 2015 年 10 月，"水果 YH"已拥有近百万会员，"水果 YH"推出的会员卡分为 500 元、1000 元、2000 元不同的等级，不同的等级享有不同的折扣，常见的有充 1000 元送 300 元、充 2000 元送 1000 元甚至还有充 5000 元送 3000 元等大力度优惠。

业内人士估计，如果以平均充值 500 元至 1000 元计算，近百万会员的预付款将高达 5 亿元至 10 亿元的规模，如此庞大的预付款资金可以帮助"水果 YH"解决资金难题。表面上看起来"预存会员卡"是一个非常好的模式，但也正是这个模式，让"水果 YH"从一开始就注定了亏损。

业内人士表示，水果行业的平均毛利润达到 20% 就已经很高了，"水果 YH"推出的"充 1000 元送 300 元、充 2000 元送 1000 元、充 5000 元送 3000 元"等大幅度的优惠实际上是在亏本的模式下运行。如果前期是为了黏住用户，那么后期就应该逐步缩小优惠力度，很显然"水果 YH"没有这么做。根据与投资人的约定，从投资额全额到账的第 45 天开始，投资人可以每月从销售额中分红 10%，分红达到投资额的 2 倍为止。这也意味着，"水果 YH"每月要承受 10% 的财务成本的支出。另外，每个月还要承受 10% 左右的果品损耗率。

为了打品牌，"水果 YH"曾投资拍摄了 9 集微电影《水果总动员》。邀请明星举办演唱会，以提高公司的知名度。有媒体曾报道，"水果 YH"的总部办公室装修极尽奢华，办公区摆满了各种貌似昂贵的古董。巨大的费用支出使得"水果 YH"的资金链近乎断裂。如果没有更多的投资人加入进来，"水果 YH"的生意将会随时崩盘。

2015 年 12 月 2 日，"水果 YH"柳州店关闭，"水果 YH"诸多借贷问题也被牵扯出来，这些问题集中起来促成了"水果 YH"危机的全面爆发。从 2015 年 12 月开始，"水果 YH"在广州、深圳、东莞、杭州、南昌等 20 多个城市共 300 多家门店先后关闭。拖欠工资、克扣社保、欠货款、欠房租、欠水电费、欠工程款……多地消费者向警方报警维权。"水果 YH"主要负责人被警方带走，公司完全停止运作。

"HGL 快餐店"以入股形式吸收社会资金

历史不会简单重演，却总是惊人的相似。20 多年前，名噪一时的"HGL 快餐店"为了缓解资金压力，以入股的方式招收会员，并许以高额回报，最终入不敷出，全面崩盘。

1995 年 2 月，乔某以河南人百吃不厌的烩面为主要经营品种，在郑州开办了一家"HGL 快餐店"。1996 年 5 月，乔某又在北京王府井开设了一家分店。

初战北京，"HGL 快餐店"名声大噪。冲昏了头脑的乔某提出要在全世界开 2 万家"HGL 快餐连锁店"的扩张计划。由于资金缺乏，乔某四处筹集资金。1996 年 7 月，某房地产公司与"HGL 快餐店"签订了合作协议，联合组建了"河南 HGL 快餐店连锁有限公司"，其中"HGL 快餐店"占 51% 的股份，河南某房地产公司占 49% 的股份。新"HGL 快餐店公司"注册成立之后，该房地产公司表示要在 3 个月内筹资 2000 万元资金用于资助"HGL 快餐店"全国开分店的计划。满怀希望的"HGL 快餐店"投入到了分店建设之中，然而房地产公司却违约了，没有后续资金，"HGL 快餐店"在全国各地的分店建设几乎处于停滞状态。

1997 年初，"HGL 快餐店"的资金已经非常紧张，乔某认为必须把所有半截子工程都扛起来，才能形成"HGL 快餐店"席卷全国之势。1997 年 3 月，"HGL 快餐店"董事会认为，只有高息向社会集资才能挽救"HGL 快餐店"。

"HGL 快餐店"成立了隶属于财务部的"HGL 快餐店品质管理委员会"，开始以入股的方式招收会员。成为会员的条件很简单：2000 元算一股，可以领到一张会员卡，集资期限一年，凭卡每月可领取"工资"50 元，此外还可到"HGL 快餐店"免费享用烩面两碗，多存不限。刚开始，公司给职工分配了任务，每人都必须存钱。消息传开后，社会上的人也纷纷加入，甚至托熟人来"入会"，因为大家都算了一笔账，月息 25% 也就是年息 30%……

1998 年 5 月，河南三星非法集资案告破，"HGL 快餐店公司"的集资也因集资户的挤兑而终止。"HGL 快餐店"一下子没了资金来源，而前期投入到分店建设的钱已如水一样泼出去了。1998 年年底，"HGL 快餐店"连锁店相继倒闭，负债总额高达 3600 万元。

"某读书社"变相吸收社会资金 5 亿余元

1987 年，刚刚从银行辞职的张某在郑州市金水区工商分局注册成立了一家个体性质的读书社，该读书社规定，任何人只要缴纳 10 元押金、2 元租金，就能成为读书社的会员。新颖的运作方式给读书社带来了脱胎换骨的变化。

1992 年，张某在河南省工商局注册"河南省某读书社"。1993 年年底，该读书社已经在郑州开了 8 家分社，期刊总藏量超过 600 万册，注册读者 7 万名，每年接待读者超过 350 万人次。1994 年，读书社的注册资金已经从最初的 10 万元增至 2000 万元。

此时，能够成为读书社的会员是件很快乐的事，读者只需要缴纳 820 元、850 元、888 元不等的押金就能得到一张读书卡，凭卡不仅可以免费借书一年，还能在该读书社旗下的任一分支机构换书阅览；更诱人的是，一年期满后，将得到 1000 元现金——回报率远高于银行的正常存款利息。

1997 年，读书社在没有经过中国人民银行批准的情况下，以"读书押金"、

"奖读金"和 "理财委托"等形式向社会公众吸收存款，并承诺给予高额利息。截至 1998 年 9 月，读书社已经向群众吸收存款 5.85 亿元，这些钱几乎全部被张某用于期货、股票等高风险投资。

股市风险无时不在、无处不有，2001 年，沪、深证券市场国有股减持带来的狂潮打垮了很多像张某一样的操盘手，代表张某身家性命的满仓股票在国泰君安郑州营业部被强行平仓。读书社向群众承诺的高收益的回报无法兑现，大量群众上访。

2001 年 7 月，郑州市公安局对张某立案侦查，2001 年 9 月 6 日，读书社执照被河南省工商局吊销。2004 年 1 月，郑州市金水区人民法院以非法吸收公众存款罪，一审判处张某有期徒刑 10 年，并处罚金 40 万元。

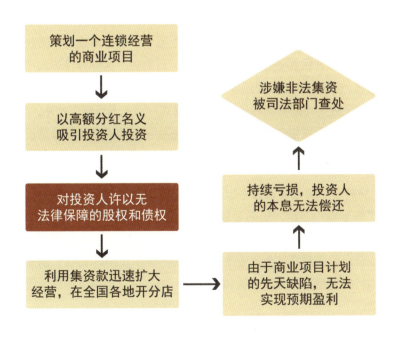

注：图中红色标注部分是该类骗局的关键环节

　　"水果 YH"巧妙地引进"合伙人众筹"融资方式，来解决开设大量门店所需要的资金。在公司的金融收益和产业链没有形成之前，只是通过产品销售和平台招商模式获得收益。比如 100 万元或 120 万元的加盟费，实际情况是，一家门店的建设远不止 100 万元的资金需求。另外，"水果 YH"采用会员卡巨额补贴模式，如充值 2000 元送 1000 元等高折扣，使得实际现金流呈负增长。由于"水果 YH"的商业计划项目存在先天缺陷，无法实现预期盈利，导致公司持续亏损，投资人的本息无法偿还。

　　另外，由于投资人的投资款在该计划中没有以股权债券的合法方式体现，"水果 YH"没有向投资者提供有效的债券投资凭证，导致投资人的权益不能得到有效保障。

　　"某读书社"玩的是"借鸡生蛋"的财富游戏，这样的游戏国美电器的掌门人黄某也曾玩过，唯一不同的是黄某"借鸡生蛋"的财富游戏是不断升级的，先借银行的钱，这部分钱需要还本付息；再借厂商的钱，这部分钱还本不付息；最后借股民的钱，这部分钱不需要还本付息，凭借此模式，国美电器一步步壮大起来。而"某读书社"很要命的一点就是没能将该模式一步一步升级，此外，"合法性"也是"某读书社"需要坚守的底线。"某读书社"创始人张某法律意识淡薄，直到公司被调查，还坚持认为自己无罪，只是市场的制约机制不健全等因素所致。

　　"HGL 快餐店"在经营过程中出现决策失误，走入盲目扩张误区，创始人乔某最终为了资金链而走险，以入股的方式招收会员，并以月息 25％、年息 30％的高额回报作为诱饵，从公司内部集资发展到社会集资。公然触犯了国务院 588号令《非法金融机构和非法金融业务活动取缔办法》（2011 修订）的规定，未经中国人民银行依法批准，任何单位和个人不得擅自设立金融机构或者擅自从事金融业务活动。

　　纵观本文中几个案例，共同点如下：一、未经有关部门依法批准。二、承诺在一定期限内给出资人还本付息。还本付息的形式除以货币形式为主外，也有实物形式和其他形式。三、向社会不特定的对象筹集资金。这里"不特定的对象"是指社会公众，而不是指特定少数人。四、以合法形式掩盖其非法集资的实质。为掩饰非法目的，犯罪分子往往与投资人（受害人）签订合同，伪装成正常的生产经营活动，最大限度地实现其骗取资金的最终目的。

◣ 防骗关键点提示

非法集资的目的就是非法占有投资者的资金，把钱骗到手之后，从未想过归还，这是非法集资跟企业正常经营性贷款或者民间融资的本质区别。投资者在选择理财项目或者理财产品时要有清醒的认识，切忌一夜暴富心理。

融资类骗局

FINANCIAL FRAUD
PREVENTION 33DAYS

第18天 18th day

虚构大额借款融资骗局

企业发展到一定规模，必然会涉及融资问题。而我国中小企业融资困难，这是一个不可回避的现状。很多中小企业为了融资会和私募、担保这样的非银行类投资机构打交道。

然而，有一些机构却利用企业急于融资的心理，设下陷阱，让急于融资的企业防不胜防。

普华商学院的 400 防骗热线，曾经接到过一家小企业负责人刘某的电话，刘某表示他的公司在融资过程中遇到了一个投资邀请。对方说可以通过银行保函的方式帮助刘某的公司融资，刘某感觉这件事情对己方太有利，有点蹊跷，最终放弃了融资。他拨打防骗中心的热线电话，是想深入了解这种类型的融资骗局，以防在今后的融资过程中上当受骗。

本文便以刘某的融资经历为例，讲述分析这类在合法的融资方式下，利用法律漏洞虚构大额借款，骗取手续费的融资骗局。

"从天而降"的低息巨额贷款

2009 年初，留学回国的刘某和朋友合伙开了一家公司。在刘某和朋友的经营下，公司发展得很快。公司业务扩大的过程中，遇到了所有企业在发展过程中都会遇到的问题，资金紧张。

2013年7月，刘某和朋友反复商量之后，开始着手融资，以便公司的发展扩大。因为银行贷款的流程有些复杂，刘某也尝试找私募和担保这样的非银行类投资机构进行高息融资。因为种种原因，几场融资洽谈都不顺利，在融资陷入僵局的时候，一封邀请信似乎给刘某带来了新的曙光。

2013年10月的一天，刘某接到了一个热情的投资邀请信息，邀请刘某带上公司各类证照手续去上海跟投资方面谈，投资方称资金将很快到位。

经过几场融资谈判，刘某没有被这突如其来的喜悦冲昏头脑。刘某通过电话联系到投资方，想多了解一些情况再决定是否面谈。投资方的赵某没有把事情解释清楚，只是说他们有2亿元资金，可以让刘某的公司使用3年，一次性收取10%的费用，再加上给中间人7%的答谢佣金，此外不会再产生其他任何费用。

2亿元不是小数目，用款3年，支付17%的费用，这对于刘某来说是件好事，可是事情越有利，刘某越是有些不敢相信。赵某说机会稍纵即逝，错过就错过了，催促刘某尽快做决定。刘某觉得这种比正常利息低太多的借款有些不太正常，但他不愿意放过每一个机会。他把自己的疑虑直接告诉了赵某，赵某给刘某介绍了韩某，赵某表示具体的情况韩某更了解，让刘某和韩某直接聊一聊。

刘某拨通了韩某的手机，这次通话让刘某对于这笔投资的情况有了清晰的了解。韩某自称是金融出身的实业家，他解释说这2亿元是保函贷款的担保本金，并不是直接给刘某放贷。所谓的一次性收取10%的费用是担保费，真正的银行利息刘某还要给银行另行支付。

刘某需要先找到一家愿意给自己公司放贷的银行，上海投资方的公司给刘某的目标银行开出2亿元的保函，并确保3年之内不取回，银行收到保函，验真就会给刘某的公司放款。在整个过程中，刘某不需要给银行提供任何抵押物。

刘某知道，银行保函是银行对银行开具的保证承兑的信用凭证，在金融界信用比较高。他听了韩某的解释之后，也觉得这件事对双方都有利，应该尽量争取。刘某打算先找好放贷的银行，然后到上海和投资方面谈。而韩某表示刘某可以先

带上各种证照和公章到上海面谈，如果双方都没有问题，协议签订之后可以双方一同找放贷的银行。

刘某和朋友商量之后，决定到上海和投资方面谈，但是考虑到这笔款项数目比较大，刘某只是带上了各种证照和公司的资料，没有带公章。

见面之后，投资方的韩某、赵某热情地给刘某介绍了投资人的背景。韩某表示，3 年内不需要刘某给投资方提供任何抵押，因为投资人很有背景，不担心刘某不还钱。如果 3 年后刘某的公司还不起这笔钱，可以再续 3 年，那时候就必须要签署一份反抵押担保协议。

不合常理的融资流程

接下来，双方谈到支付担保费的问题，韩某表示，当刘某找好放贷银行后，投资方便从某银行北京分行开出保函，接收行对保函验真之后，刘某就必须一次性支付担保费。刘某问韩某如果自己的公司从银行贷不到款怎么办，韩某建议刘某要跟银行签一份协议，确保上海的保函到达并验真后银行必须放款。刘某觉得先找好放贷的银行，沟通好放款的相关事宜再签协议比较稳妥。而韩某和赵某一直催促刘某签保函融资协议，他们催促的越急，刘某就越不安。刘某觉得这么便宜的好事，企业积极主动一些才对，为什么投资方却这么急，他开始怀疑这是不是一个陷阱。

刘某看了韩某和赵某准备好的保函融资协议书，其中有一条规定，银行保函开出并由刘某的放贷银行核保后，刘某必须一次性付清所有手续费（包括担保费和给中间人的佣金）；并要求核保后一周内刘某的放贷银行必须放款，如不能放款投资方则不承担任何责任。以刘某的估计，这么短的时间银行上级部门的核准手续根本办不下来，他对这件事情的怀疑更深了。

刘某以忘记带公章为借口，没有当场签订保函融资协议书。回到公司后，刘某和朋友讲了整个事情的经过。此时刘某和他的朋友已经从融资的急切心理中渐渐地清醒了过来，仔细梳理整件事情的经过，越发觉得整件事情很反常。

刘某和朋友查阅了大量关于银行保函贷款的资料，他们了解到，合理的费用支付方式应是：保函核保后付一半，贷款到账后再付另一半。如果保函验真后就必须支付全款，根本不管企业最终是否能贷到款，则很可能涉嫌诈骗。

第二天，投资方韩某那边还打电话问刘某关于签协议的事情，并且埋怨刘某不积极，不配合，刘某明确表示自己放弃这次融资。刘某算了一笔账，仅担保费和中间人的佣金费就有几千万元，如果不能保持足够的理智，将会给公司造成不小的损失。刘某能及时的清醒过来是他的幸运，可是在骗局面前又有多少人能保持清醒呢？

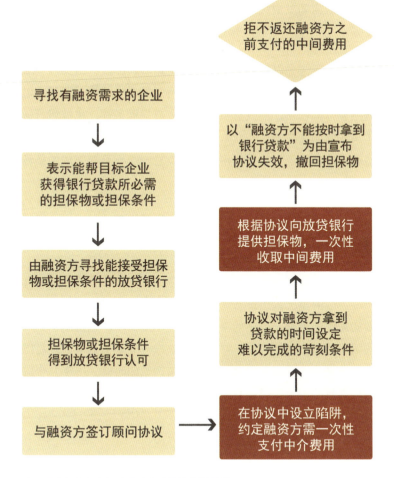

注：图中红色标注部分是该类骗局的关键环节

　　此类融资骗局，出资方多是在合法的融资方式下，利用法律漏洞与银行、证券公司等内部工作人员合伙做局，来骗取手续费、保证金等费用。

　　文中的案例，利用的正是银行拿到保函信用证等担保条件之后，从审核到放款周期很长这个程序漏洞。他们在合同中设定时间，在这个时间段中，融资方要是拿不到银行放款合同就会失效。由于融资方缺乏金融专业知识又急于融资，很容易上当受骗。

　　这种骗局大多时候会以银行保函、信用证等形式出现，出资方一般都有一套完整的资料，相比其他骗局来说比较正规，特别具有隐藏性。在整个过程中，所有的相关程序貌似都合法，而其提供的担保物或担保条件，也被银行认可。但是融资方很少关注合同会失效。在双方签订的合同中，对合同什么时候失效出资方可以免责进行规定。出资方就是利用此条款设立一个不可能完成的条件，让该条款生效。

　　此类骗局主要是打时间差，在出资方给融资方的有效时间内，银行上级部门的核准手续根本办不下来，这样出资方就会撤走信用凭证，抽走资金，不会退还融资方先期交付的保证金。

　　还有一种类似的情况，出资方谎称有一笔数目很大的钱可以给融资方用，融资方不需要实质性的抵押，办理的手续和流程也很简单。这是出资方利用人性的贪婪设下的骗局，以钱套钱。出资方谎称有这样一笔融资方可以轻易得到的钱，让融资方无限贪婪。当融资方的贪婪完全掩盖理智的时候，出资方会以中介费、手续费等各种名目的费用让融资方先拿钱。融资方若是真的把钱给了出资方，出资方就会消失。

◥ 防骗关键点提示

　　此类骗局看似合法，实则利用法律、程序上的漏洞，骗取融资方的中介费、保证金，手法日益隐蔽，融资者一定要谨慎识别。

第19天 19th day

大额投资居间融资骗局

中小企业融资领域一直是骗子看中的市场，随着融资企业越来越谨慎小心，融资骗局安排得也越来越巧妙。以低利息高额贷款来骗取评估费，这种融资骗局如今很常见，甚至圈内都认为这是公开的秘密。

与之前的融资骗局不同，这类骗局通常有国际背景，真实性很难被核实。"投资公司"与"评估机构"合作，骗取评估费，手段很具隐藏性。在所谓的融资过程中，签订的文件一般都是真实有效的，即便融资方发现上当受骗也很难维护自己的合法权益。

今天我们选取了两个案例，为大家揭秘这类新型融资骗局的关键点，希望大家在今后融资的过程中可以识别这类骗局。

"国际范儿"融资骗局真假难辨

2010 年 12 月，浙江的董某因为家族生意扩大经营，需要一笔融资。董某通过北京一家中介公司联系到德国某投资有限公司，这家公司自称是国际著名投资公司，旗下资产过百亿。双方洽谈之后，需要董某做一份项目融资分析报告。因为董某还没有做好准备，双方的合作没有谈成，但是董某留下了公司负责人李某的电话。

　　2011 年 11 月，董某决定重新融资，几经周折联系上了李某，李某告诉董某自己已经跳槽到"AD 投资公司"工作，并告诉董某新的联系方式，让董某到北京详谈。"AD 投资公司"地址在王府井，这个地段很繁华，写字楼也很豪华。董某第一次到 AD 公司，感觉它是一个管理严格规范的大公司。

　　李某很热情地接待了董某，给董某介绍了公司的基本情况。"AD 投资公司"总部设在瑞士的苏黎士，是一家国际性风险投资公司，该公司业务遍布欧洲各国，北美洲的美国、加拿大，南美洲的巴西、阿根廷，亚洲的日本、新加坡和马来西亚，中东的阿联酋、沙特阿拉伯。对于这样的背景，董某很是震撼。

　　因为之前两人有过联系，李某表示对董某的项目很有信心。李某建议董某成立公司，不仅仅是做家族企业，这样融资成功的可能性更大一些。李某指定了 L 公司做项目融资报告，一年前李某指定的就是这家公司，只是地址不同。董某此时的心思都放在了融资上，这些细节上的事情当时并没有多想。董某和 L 公司一番讨价还价之后，最终确定以 22000 元的价格做项目融资报告，先付一半的定金，10 天后交项目投融资报告。这期间先发电子稿给李某确认，确认后董某再付余款。李某还特意交代报告书要设计成中英文格式，这让董某对李某的信任又加深了一层。李某告诉董某，融资的款项一个多月就可以到位。

　　之后，董某回浙江按照李某的要求开始成立公司。2011 年 11 月 22 日董某将新成立的公司资料连同个人资料和体检证明寄给李某，李某收到后对此没有提任何异议，并回复董某："资料基本符合要求，等待审核"。

　　期间董某打电话催促，李某答复资料审核工作正在有条不紊地推动。李某还说正式立项后公司会对董某的项目实地考察。董某表示欢迎，自己的项目受到了重视，董某很开心。

　　2011 年 12 月 1 日，李某电话通知董某，李某借广州开会的机会，顺便到浙江实地考察项目，还让董某发个正式的邀请函。12 月 2 日，李某又给董某打电话说，由于行程调整要陪同首席代表出席活动，再加上董某的项目也不复杂，他们改派其他同事来考察，而且形式改成暗访。

　　10 天后，董某接到李某的电话，说是项目已经通过，让董某去北京签协议。

当天晚上，董某便赶到了北京。第二天上午董某和"AD投资公司"签订了借款意向书。董某感觉借款意向书很正规，信息也很完善。不过根据借款意向书，董某需要提供一份律师尽职调查报告，证明董某的公司无不良债务，经营良性循环，个人资信良好，实力没有问题。律师事务所也是李某指定的，律师尽职调查报告的费用最终商定为13万元，先付一半。协议签订后抄送一份给李某，作借款预留依据。这笔费用让董某有些犹豫，李某向董某解释意向书写的很清楚，只要调查报告确认后就签正式合同，李某本人也一再承诺，在年前就可以拿到借款，并表示以后不会再产生后续的费用。董某对自己的公司有信心，也相信李某的承诺，于是支付了这笔费用。

接下来就是签约了，可是签约的时间李某却是一推再推。李某说，公司很重视这个项目，要总部派人来进行签约，所以时间可能会推后一些。签约不能照常进行，董某开始有些不安，他不断地询问李某签约的时间。刚开始李某以各种借口敷衍，后来李某又以董某提供的公司资料出现了一些问题为借口，要求其完善。就这样，董某一次又一次地按照要求完善公司资料，而李某却一次又一次地提出新要求，直到董某根本无法满足李某的要求。最终李某答复，因董某在规定日期前无法备全要求的材料，视为自行放弃融资项目，此前他为此花费的十几万元评估费也打了水漂。

董某多次和李某交涉未果之后，决定到北京和李某面谈。"AD投资公司"竟然已经人去楼空，董某再次拨打李某的电话却怎么也打不通。这时，董某终于意识到所谓的借款融资只是骗子精心编织的骗局。

据了解，在不到一年时间里，"AD投资公司"的诈骗数额已达人民币300余万元。为了躲避像董某这样的被骗人维权讨债，该公司不断变换身份，变更办公地址。

融资心切被骗评估费

同样的事情，也发生在陈某身上。陈某为了支持儿子创业，通过朋友牵线搭桥联系上一家投资公司。该公司总经理梁某称，可以为陈某儿子的公司融资1.5亿元，但必须先由律师事务所等专门机构对企业进行风险评估，出具专业的法律调查报告。

　　融资心切的陈某没有怀疑，立刻到梁某指定的律师事务所，缴纳 20 万元费用并签订了融资调查委托协议。该律师事务所的投融资部随后派出律师与陈某一同回到他儿子的公司所在地进行实地考察，并出具了投资风险评估报告。

　　之后，陈某联系到梁某，梁某称公司需要对风险评估报告核实，让陈某耐心等待。在这个过程中陈某多次打电话催问融资进展情况，梁某则让陈某提供各种资料，做各种鉴定，这个过程中陈某累计花费 30 多万元。最终梁某却答复，陈某儿子的公司某项评估不符合融资要求。该公司就是用这种含糊不清的理由拒绝了陈某的融资，而此前她为花费的 30 万元鉴定费也不能退回。

　　经相关部门调查发现，帮陈某融资的这家投资公司自成立以来，从来没有为任何企业成功融资过一次，该公司的收入来源就是其指定的事务所按约定比例返还的风险调查等费用。

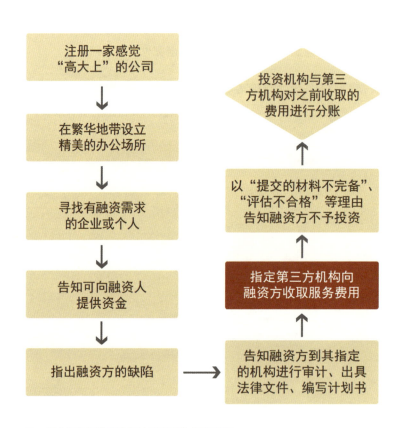

注：图中红色标注部分是该类骗局的关键环节

　　这种融资骗局往往设计得十分巧妙。骗子公司不直接收取任何费用，而是通过推荐评估机构，以评估、法律文件、审计、商业计划等形式收取高额手续费。骗子公司与其所指定的评估机构之间早已串通好，一方收费、双方分成。骗局做得很隐蔽，在整个过程中签订的文件一般都真实有效，按照法律程序很难追究骗子公司的责任。

　　骗子公司注册名称一般都有"中国"、"中华"、"中超"、"国际"、"华人"之类响亮的字眼，或者是虚构德国、瑞士、摩根、加拿大等国际背景。他们仿用国际上通行的投资程序，按照国内合法的合作、合资方式进行融资诈骗，让人难辨真伪。

　　其实，如果融资者足够谨慎，不难发现这种骗局是违背常识的。按照正常人的逻辑，投资方更相信自己做的评估报告，不会让被投资方做评估、审计。

　　除此之外，融资者在确定合作前，一定要对投资公司进行较为全面的调查。在全国企业信用信息公示系统，企业的一些基本信息很容易查到。投资公司是不是和某个机构真的有关系，注册资本金是多少，什么时候成立，这些对于融资者判断识别骗局很有帮助。

◤ 防骗关键点提示

　　融资者在融资的过程中要保持头脑的冷静，不要被投资公司响亮的名号欺骗，如果投资公司推荐评估机构，要求融资者做评估、审计，融资者一定要全面调查了解投资公司，辨别真伪，防止上当受骗。

第20天 20th day

信用卡相关的融资骗局

随着生活水平进一步提高，人们的消费观念也在不断转变。近些年来，中国传统的消费观念受外来文化影响，开始向超前消费观念转变。

信用卡的预付消费方式，刺激了人们潜在的消费欲望，其方便快捷的现代化消费方式，悄悄改变着人们的消费习惯。信用卡和人们的生活变得密不可分的同时，信用卡诈骗活动也越来越频繁地出现。快速办卡、高额度办卡，信用卡诈骗的形式花样百出，让受害者防不胜防。

普华商学院的400防骗热线，就曾接到几个受骗者打来的电话，他们不是信用卡被盗刷，就是在办卡的过程中被骗取巨额费用。他们被骗的方式各不相同，有的甚至到现在都不明白自己是怎样被骗的。

今天我们在梳理信用卡诈骗案例的同时，专门结合这类骗局的特点和操作方式，为大家进行透彻的分析。

巧立名目，步步陷阱

2014年3月，苏某在上网时偶然看到一则可以申请快速办理信用卡的广告，出于好奇，苏某在该网页填写了申请资料。一天后，苏某接到投资担保公司投资经理邓某的电话，询问苏某所办信用卡的额度，并告知苏某只需要提供办卡的手机号码、身份证号码和收卡地址就可以快速办理信用卡，但是要交300元的手续费。

为了打消苏某的疑虑，邓某表示，自己所在公司是正规金融机构，与银行有合作关系。苏某被说服，向对方提供的账户汇去 300 元资金。3 天之后，苏某便收到一张额度为 3 万元的信用卡。

事情并未就此结束。苏某又接到邓某的电话，告知其要开卡，需再交 1000 元的激活费，苏某想着卡已经办好了，这 1000 元如果不交，之前的 300 元就打水漂了。而且自己去银行申请办理信用卡，申请不下 3 万元那么高的额度，于是苏某又给邓某汇去 1000 元。

苏某长舒一口气，终于可以使用信用卡了，谁知他接到一个电话，一名自称银行担保科工作人员的女子告知苏某，为了证明苏某有还款能力，还需交一笔担保费用才能开通此卡。信以为真的苏某又汇钱过去。就这样一次次地给对方汇钱，等到苏某意识到自己被骗时，他已经累计汇出去 10.56 万元，心急的他立刻向当地警方报案。警方成立专案组进行调查，将正在行骗的犯罪团伙抓获。

同样的事情也发生在肖某和刘某等人身上。2015 年初，福建的肖某接到一个来自上海的陌生电话，对方称可以在网上免费办理大额信用卡。随后肖某就收到了一条来自 95588 的短信，短信中附有一个办卡网址。肖某好奇地点击进入网页，并按要求填写了申请办理信用卡的资料。提交后，按照对方的提示输入了自己网上银行的支付密码。注册之后肖某发现自己银行卡上的 4 万元现金瞬间消失了。

2015 年初，在福建做网贸生意的刘某加了一个陌生的 QQ 好友，对方向刘某推销代办信用卡的业务，称他们可以通过银行内部渠道在一周时间内办理额度高达 50 万元的信用卡。此时的刘某恰巧有资金需求，他很快将妻子的身份证信息发给了对方，并汇去 1000 元手续费。几天之后，刘某收到了对方寄来的银行卡，而对方以需要存入保证金后才能激活信用卡为由，先后要求刘先生汇去 3 万元现金。但信用卡依然不能使用，刘先生追问后，对方又以检查其资金流水情况为由，要求再次汇款 3 万元。直到此时，刘先生才意识到自己被骗了。

2015 年 4 月，同在福建的陈某因为做生意资金一时周转不灵，他在网上找到一则办理大额信用卡的信息，按照对方的要求，陈某下载了信用卡申请软件，并填写了申请信息。对方要求陈某在卡上存入 5 万元的现金以证明其有还款能力，

照办后，陈某很快发现钱被人从网上划走了。上当受骗后的陈某第一时间报了案，但至今也未能要回被骗的钱。

花样繁多的诈骗手法

2015 年 7 月，浙江的黄某接到了一个陌生电话，对方声称是某银行的工作人员，询问他是否需要办理一张信用额度为 30 万元的银行卡，黄某立刻被吸引了，马上答应办卡。为证明其有还款能力，对方要求黄某在银行卡预存 9 万元现金，按照对方的指示，黄某把自己的银行卡信息和个人信息也告诉了对方。

几天后，黄某发现自己银行卡里的 9 万元钱不见了，惊出一身冷汗的黄某马上向当地派出所报警。警方调查发现，黄某卡上的 9 万元钱已经流入了一个基金账户，该账户正是用黄某的个人信息办理的。警方马上与该基金公司取得联系，将还没来得及被骗子转走的 9 万元钱追回。

2015 年，王某的超市生意下滑，王某想重新装修店铺并进口一批高档食品，来挽回顾客。装修店面至少需要 10 万元。因资金有限，这个想法一直被搁置，直到王某收到了一条代办高额信用卡的短信。短信中说，能通过刷信用卡流水记录，办理高额信用卡，无息还款时间长，解决急用钱的烦恼。王某和对方见了面，并按照对方的要求填写了多张单据。

一个月后，对方称两张 8 万元额度的信用卡办好了，王某爽快地交了 2000 元手续费并拿回了卡。当王某去银行取现的时候却发现自己的卡上只有最低额度。银行表示，大额度流水记录确实能反映客户的良好信用，但只能是审核的辅助依据，单凭流水记录并不能办理高额信用卡。

郑某因羡慕朋友们出门刷卡消费的习惯，也想办理一张大额信用卡。他从网上联系了一位自称信誉很好的信用卡经理，按对方要求，郑某到银行开通了一个户头，存了 10 万元进去。对方表示为方便代办，需把代办人的手机号留给银行。郑某想银行卡在自己身上，密码也只有自己知道，透露自己的手机号码并无大碍，于是郑某便将自己的手机号留给了对方。

最终卡还没办好，郑某就发现 10 万元钱被人划走了。报警后，郑某听了民警的解释才明白，骗子用自己的身份证复印件开通了银行卡的支付宝，并通过手机号码获取了验证码，顺利盗走了钱。

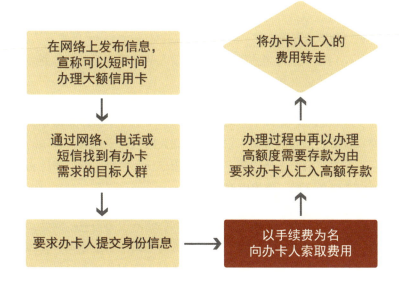

注：图中红色标注部分是该类骗局的关键环节

　　信用卡是我国银行系统经批准发行的，为资信可靠的单位和个人消费、购物及存取款提供服务的信用凭证。其功能在于持卡人外出旅行、购物时便于携带，在急需时允许善意透支，但透支的款额不能超过一定的数量，且要求持卡人必须在透支后及时将透支款存入其存款账户，并按规定支付利息。

　　因为满足了很多人超前的消费意识，信用卡越来越受欢迎。理论上来讲，在我国只要年满18周岁，有稳定的还款能力，就可以办理不同额度的信用卡。银行办理流程分申请、审批、评估等环节，会要求申请人提供身份证、工资证明或收入证明、单位和本人联系方式、完税证明、其他银行信用卡信息等资料。然后，由内部审核部门对信息进行审核。银行对申请人的信用等级和还款能力进行综合评分，最后决定是否批卡及卡的额度。

　　银行为了规避风险，对办卡人的还款能力很重视。个人想申请额度大的信用卡，要提交有说服力的收入证明，很多想办理大额信用卡但收入有限的人容易被高门槛绊住。于是，社会上便出现了很多信用卡代办中介，他们声称和银行人员有合作，能走"绿色通道"办信用卡。

　　这些号称可以"秒办"大额信用卡的代办公司不仅有自己的网站，还通过广告名片、群发短信的方式四处撒网。称办理大额信用卡不需要经过银行严格的审核流程，只需身份证复印件就能办理。一张身份证可以办理多张信用卡，可以以卡养卡，长期透支。

　　如果你留意过，就会发现，不论代办公司通过何种方式散发广告，其内容几乎一样，唯一不同的是收费标准，办理费从几百元至几千元，手续费收取的比例在 2% ～ 10%。甚至有些代办中介开的是空壳公司，以此制造假的高工资证明，来通过审核。

　　真的有"绿色通道"吗？银行的工作人员表示，没有对任何公司和个人开办"绿色通道"，客户办理信用卡唯一途径是本人持证件、证明到柜台办理。而且除了极个别特殊材质的信用卡，信用卡办卡是不收费的。

除了骗取办理费、手续费、利息费，一些骗子还会打着激活卡片、验证还款能力、提供保证金等幌子要求消费者汇钱。为了打消消费者的疑心，骗子一般都会跟消费者解释说，汇出的钱还在消费者自己的卡上，待信用卡办理完毕后，消费者就可以将这笔钱取出。

但事实上，骗子在给消费者办卡的过程中早已掌握了对方的身份信息和银行卡号，钱一汇出，立马就会被他们取走。更可怕的是，骗子代办机构代办信用卡的目的并非仅仅骗取手续费，而是骗取消费者的身份证复印件、住址、联系方式等信息并将这些信息转手卖给他人。不法分子利用消费者的信息办理信用卡并恶意透支，给消费者带来了无穷后患。

信用卡代办诈骗花样百出，主要有以下几种诈骗手段：

利用假冒的"955××"号码发送钓鱼短信，实施诈骗；以银行内部渠道为由，取得对方信任，并以收取代办费、验资费、开卡费等为由，让受害人主动向指定的银行卡汇款。这类案件侦破难度大，因为基本上是团伙、流窜作案，预留给受害人的是虚假信息，电话号码随时更换，一有风吹草动，诈骗团伙立即取款销户。

普华在线洞察提醒您，如果被人索要身份信息一定要保持警惕，了解清楚信息的用途。对于索要手续费、激活卡费等费用的骗子，消费者可以先以附近没有银行、没有网银不方便转账等理由拖延时间，然后立即向有关部门报案。消费者要经常检查信用卡和其他财务情况。注意密码安全，最好时常更换。

◣ 防骗关键点提示

办理信用卡的合理途径是本人持证件、证明到银行柜台办理，所有打着快速办卡，高额度申请幌子的信用卡代办业务通常都是骗局。

第21天 21th day

融资对赌的风险陷阱

创业是一个充满艰辛而又极富乐趣的过程，时时要面对各种挑战。"资金"可以说是很多初创企业的痛点，一个创业公司想要迅速扩张发展，就必须引入资本，只要融资，就必然会稀释创始人对企业的控制权，这也是创始人必须接受的事实和代价。

我们盘点了多个创业公司的融资案例，最终发现，当企业背负着资金的沉重压力时，很多创业者有很强的融资意愿，但缺乏相应的融资知识。很多融资者觉得融资是件很简单的事情，托人打个电话，找个熟人，写份商业计划书，金钱就会滚滚而来。但一个创业者如果不知道企业引入的风投究竟是"引狼入室"还是找到了解决资金困难的好帮手，这跟一个远行的人不知道前面的路是高山还是河流，不知道自己踏进的河流有没有暗礁，不知道明天的天气是晴天还是雨天又有什么两样？

"任大功者不以轻敌"，很多创业者或企业家，在需要借助外部资本扩大规模时，由于不了解融资的凶险，免不了被投资人踢出局的结局。李某就是一个鲜活的例子，李某开了一家包子店，因扩张需要资金引入某风投，对方占股比例略大于李某，后来在包子店是否兼营其他菜品的问题上，双方产生了很大的分歧，李某因股权比例低于对方，最终失去了公司的决策权。

笔者觉得创始人处理好与资本的关系很重要，想明白创始人在公司发展到一定阶段后是否适合继续扮演唯一决策者和掌控者的角色也很重要。为了让投资者彻底搞清楚融资到底是怎么回事，也为了让那些计划融资的企业家们不再掉进融资的陷阱，今天，笔者借"张某对赌 DH 投资输掉 QJN"、"吴某引入软银赛富基金和施耐德后被逼出某照明公司"的案例给大家详细说说融资那点事儿。

张某对赌输掉餐饮企业 QJN

2008 年，处于高速开店扩张时期的某知名餐饮企业 QJN 陷入了资金困境。为了缓解资金压力，QJN 计划抄底购入一些物业，并决定引入外部投资者，最终选择了 DH 投资基金管理公司。DH 投资向 QJN 注资 2 亿元资金，占该企业 10.526% 的股权。

当时双方签了一条"对赌协议"：如果非 DH 投资的原因让 QJN 无法在 2012 年年底上市，或者 QJN 的实际控制人变更，则 DH 有权以回购的方式退出 QJN。这就意味着，如果 QJN 在规定时间内上不了市，它就要去回购 DH 的股份，QJN 将为此付出很高的代价。

此后数年，谋求上市成了 QJN 唯一的目标。2011 年 3 月，QJN 向中国证监会递交了 A 股上市申请，但在 2012 年 1 月份证监会披露的终止审查企业名单中，QJN 赫然在列。A 股上市失败后，在明知港股估值更低的情况下，QJN 不得已开始转战 H 股，但又碰到了新壁垒——"10 号文"（2006 年，商务部、证监会等部门联合发布了《关于外国投资者并购境内企业的规定》简称"10 号文"）。

在"10 号文"颁布前，中国国籍人士在中国所经营的企业，将股权从境内转入自己成立的境外公司，比较容易通过审批。"10 号文"颁布后，中国公民境内资产转移到自己的境外公司去持有，需要去外管局审批与登记。为了顺利上市，张某不惜更改国籍至加勒比岛国。2012 年底是 QJN 与 DH 约定上市的最后期限，QJN 再次失约。2013 年初，QJN 表示已通过了港交所的上市聆讯，然而一年之后，QJN 上市仍遥遥无期。

QJN 在上市受挫后，DH 投资要求按对赌协议高价回购股份，因此 QJN 出售股权换取发展资金成为一种迫不得已的选择。2013 年，欧洲最大私募股权基金公司

CVC Capital Partners 以 3 亿美元收购 QJN 约 83% 股权，张某继续留任 QJN 公司主席。2014 年，CVC 收购其 82.7% 股份，2014 年 4 月 25 日，CVC 宣布完成控股收购 QJN，持股 69%，至此，DH 退出。

有业内企业家曾指出：真正融资成功的人，都会为融资的高价格付出相应的代价，比如估值很高，投资人就觉得不安全，就一定要你跟他做对赌，而这往往会带来双输的局面。下面这个案例似乎就印证了这一点。

吴某引入战略投资后被逼出某照明公司

1998 年底，吴某出资 45 万元，他的另外两位同学杜某与胡某各出资 27.5 万元，以 100 万元的注册资本在惠州创立了某照明公司。从股权结构看，吴某是占比 45% 的单一大股东，而相对两位同学的合计持股，他又是小股东。当时吴某跟另外两位合伙人约定："你们两个合计持股 55%，我持股 45%，如果以后我吴某一意孤行，你们两个股东可以制约我。"

企业创立初期，三位股东分工明确，各司其职。随着企业的壮大，股东之间的分歧开始凸显，裂痕也逐渐产生。对于资金的使用，吴某一心想把企业做大做强，赚来的钱要继续投入企业扩大生产，另外两位股东则一心想着分红。由于吴某坚持自己的主张，与另外两位股东之间的矛盾逐渐升温。

随着局势的恶化，但凡公司开会，股东一方提出看法另一方就表示反对，致使会议无法进行下去。股东之间合作的兴趣越来越淡，后来另外两位股东直接提出，只要公司有了收益马上就要分红。此时的吴某终于体会到股东之间股权相互牵制的滋味了。后来妥协的结果是，吴某把自己的股份向其他两位股东分别转让 5.83%，而代价几乎是无偿的。于是三人的股份形成 33.4%、33.3%、33.3% 的均衡状态，三位股东在企业的工资、分红也完全均等。

然而股东之间的关系并未改善。2005 年，随着该照明公司的销售渠道改革，三位股东的矛盾全面爆发。

吴某打算从全国数百家经销商中选择规模较大的数十家，并把他们整合成 35 个运营中心，其角色不再是单纯的销售职能，而是当地的物流、资金和出货平台。

肩负区域内的服务与管理工作，其他规模较小的经销商，则与各省的运营中心接触，不再由该照明公司直接统一管理。吴某的方案遭到了另外两位股东的强烈反对，他们认为这样做风险太大，经销商不好控制。

2005 年 11 月，股东之间的分歧上升到了企业分家与否的层面，最终该照明公司作价 2.4 亿元，吴某以 1.6 亿元的代价将另外两位股东清退出了企业。在兑付了股东巨额的资金后，该照明公司几乎成了空壳。

2006 年 8 月，在该照明公司最艰难的时候，亚盛投资总裁、专业融资顾问为其引入了软银赛富基金。软银赛富基金向该照明公司投资了 2200 万美元，并持股 35.71%。2008 年 8 月，该照明公司为了增强其制造节能灯的能力，以"现金 + 股票"的方式收购了世通投资有限公司，其中现金部分须支付 4900 余万美元。当时该照明公司并没有足够的现金来支付这笔收购款，该照明公司不得不再次寻求私募融资，在该次融资中，高盛与软银赛富基金联合向该照明公司投入了 4656 万美元，其中高盛出资 3656 万美元、软银赛富出资 1000 万美元。

由于此次融资，吴某的持股比例因稀释而失去了第一大股东地位，持股 34.4%。而赛富则因先后两次投资，持股比例超越吴某达到 36.05%，成为第一大股东。高盛以 11.02% 的持股比例成为第三大股东。此时失去第一大股东地位的吴某并未意识到自己处境的危险。

2011 年 7 月，该照明公司引进法国施耐德电气作为策略性股东，施耐德与该照明公司签订了为期 10 年的"销售网络战略合作协议"，施耐德的电气产品可以通过该照明公司旗下的 3000 家门店渠道进行销售。

在吴某的设想中，与施耐德达成战略合作关系，非常有利于原本就是靠商业照明起家的某照明公司在大型商业照明工程领域的项目推进。因为，施耐德作为电气领域的全球 500 强企业，其楼宇以及住宅电力解决方案是五大核心业务之一，施耐德每接一个电气工程项目，该照明公司就可以配套上相应的照明解决方案，这种协同效应非常明显。而施耐德最为中意的便是该照明公司 3000 家销售网络门店，因为施耐德在中国并没有自建零售渠道，该照明公司现成的渠道正好可以拿来"为我所用"。

2011 年 7 月，施耐德以溢价 11.9% 的 4.42 港元 / 股高价从软银赛富基金、高盛等股东手中受让了 2.88 亿股（占比 9.22%）的股权。吴某也跟随软银赛富基金及高盛出让了 3.09% 的股权给施耐德，吴某的持股比例下降到了 17.15% 的最低点。

2012 年 5 月 25 日，吴某毫无征兆地"因个人原因"被辞去了该照明公司一切职务，而接替他出任董事长的是知名风险投资者软银赛富基金，出任 CEO 的是全球知名的跨国产业大鳄施耐德。吴某不得不吞下因失去控制权而出局企业的苦果。

当追求财务回报的风险投资者与寻求行业整合的产业投资者联合控制了一家企业的董事会，并且创始人蹊跷地从企业董事会出局了，这意味着什么呢？ZGF 的故事，或许能让你对资本界的骗局看得更透一些。

ZGF 创始人引入投资伙伴后身陷图圄

1990 年，潘某在东莞创办中式快餐店，取名为"××甜品屋"。1994 年，潘某的姐姐与丈夫蔡某加入快餐店的经营，潘蔡两家人股份平分，各持有 50% 的股权，快餐店更名为"××蒸品店"。

2003 年，ZGF 品牌创立，开始全国扩张，并与风投接触，谋求上市。2007 年，在蔡某的主导下，ZGF 引入中山市联动创业投资有限公司和今日资本集团两家风投机构注资共计 3 亿元。ZGF 公司股权结构开始发生了变化，蔡某与潘某两名自然人各占 47% 的股权，VC 各占 3%，董事会共 5 席，蔡某夫妻、潘某、VC 各占一席。

引入今日资本后，打造一个现代化公司管理和治理结构的企业是 ZGF 当务之急。蔡某因主张企业褪去"家族化"的内部管理改革而触动了另一方股东潘某的利益，蔡某先后从肯德基、麦当劳等知名快餐店引进了 20 多名高层管理人员，潘某在公司的地位几乎被架空。双方的矛盾开始激化。

2009 年，蔡某与妻子婚姻关系破裂，而蔡某的妻子是潘某的姐姐，事态最终演变为蔡、潘两家人对 ZGF 控制权的争夺。蔡某的妻子状告蔡某非法挪用公款。2011 年 4 月，广州市公安机关证实蔡某等人涉嫌非法挪用公款等罪行，依法逮捕了蔡某等 4 名嫌疑人。

ZGF 内部的混战让今日资本顶不住股东的压力最终选择退出。2011 年 12 月，今日资本将旗下公司所持 3% 的股权转让给润海有限公司。ZGF 再次回到蔡某与潘某两家股权对等的局面。

2014 年，广州中院二审判决蔡某构成职务侵占罪、非法挪用资金罪判处有期徒刑 14 年，最终，蔡某所持有的 41.74% 的股权被司法拍卖。

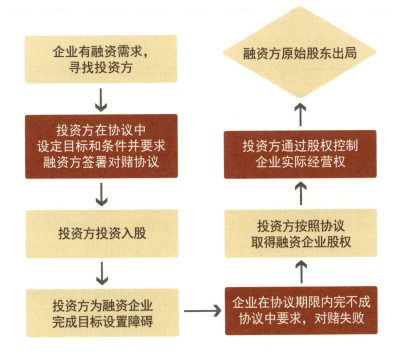

注：图中红色标注部分是该类陷阱的关键环节

　　在企业与投资人之间建立估值调整机制，这一机制在中国被通俗地称为"对赌协议"。带上"赌"字，就会让人感觉不安全，要跟对方做对赌，往往会带来双输的局面。

　　比如，张某跟 DH 投资对赌输掉 QJN，吴某引入软银赛富基金和施耐德后被逼出某照明公司，ZGF 蔡某引入今日资本和中山联动后陷入无休止的股权纠纷，永乐电器与摩根士丹利和 DH 投资对赌，最终永乐电器失去控制权被国美电器收购等。类似的案例数不胜数，成败亦有，如蒙牛与摩根士丹利签订对赌协议，最终蒙牛胜出。可以说，"对赌协议"有可能是企业的救命稻草，也有可能是压垮企业的最后一根稻草。

　　我国早期的"对赌协议"主要存在于 "两头在外"的企业中，这类企业谋求海外上市需要引入国外投资者。自 2009 年创业板开板以来，中小创新型企业上市前接受 PE 或产业投资人投资的情况已变得非常普遍，且投资协议中存在"对赌"条款的比例很高。

　　"对赌协议"的类型主要包括股权对赌和现金对赌，即投资方与被投资方确定一个预期的财务标准目标，如在期限内不能达到此目标，投资方将获得股权或现金上的一些补偿，如可低价获得更多股票、有权要求将现持有的股票回购等。而如果财务目标提前达成或超额完成，投资方则可能提供一些现金或股权方面的"奖励"。一般而言，对业绩增长的要求是对赌协议中最为常见的标的，双方对公司未来数年的收入、净利润等关键指标做出约定，条件多为股权比例的变化，或现金溢价赎回部分股权的规定。

　　由于具有很强的不可预测性，"对赌协议"往往存在很大的风险。我们主要梳理了以下四种常见的风险。

　　一、如果对赌协议中隐含了"不切实际的目标"，这种强势意志的投资者资本注入后，将会放大企业本身"不成熟的商业模式"和"错误的发展战略"，从而把企业推向困境。

二、企业家急于获得高估值融资，又对自己的企业发展充满信心，而忽略了详细衡量和投资人要求的差距，以及内部或者外部等经济大环境的不可控变数带来的负面影响。

三、企业家常会忽略控制权的独立性。商业协议建立在双方的尊重之上，但也不排除有投资方在资金紧张的情况下，向目标公司安排高管，插手公司的管理，甚至调整其业绩。怎样保持企业决策的独立性还需要企业家做好戒备。

四、企业家业绩未达标失去退路而导致奉送控股权。一般来说，国内企业间的"对赌协议"相对较为温和，但很多国外的投资方对企业业绩要求极为严格，很可能因为业绩发展低于预期，而奉送企业的控制权。

笔者认为，在融资的过程中，很多机构忙于融资，可能会忽略投资人签署协议的详细过程，特别是对协议中规定的一些条款没有给予过多的关注。如果在签署协议的过程中，发现协议中签订的条款影响公司的经营权，甚至直接对原有公司的直接控股人产生重大的负面影响，这些条款都应该在协议中排除和避免，如果不能排除和避免，在实际操作中会给公司造成重大的损失，导致实际控股人丧失经营权和所有权，甚至丧失对财务工作的管理。

◣ 防骗关键点提示

"对赌"存在很大的风险，会导致企业失去退路而丧失控股权。面对迅速上市、一步登天的诱惑，企业创始人一定不要轻易尝试。

第22天 22th day

合作经营的风险陷阱

　　企业创办之后一定会涉及股权分配的问题，股权分配关系到企业的创办人对企业的控制权。控制权的问题是很多公司的隐患，如果创办人失去控制权，那他在企业的发展过程中就会完全施展不开手脚。

　　2015年的普华商学院金融研修班有一位学员周某，他的企业如今就面临类似的问题。2013年，周某白手起家创立了一家贸易公司。公司成立2年多，随着业务的扩大发展，周某的公司资金链趋紧，需要融资。在融资方式的问题上笔者没有直接给周某建议，只是给他讲了两个关于合作经营的典型案例，两个企业的创始人结局出奇地相似，因为对企业没有绝对的控制权，企业的发展和自己的意愿相左，最终只能遗憾地离开。我提醒周某，合作经营的融资方式有风险，至于如何选择，还需要根据公司的情况决定。

引入投资伙伴，创始人痛失控股权

　　2007年7月，"某电商平台"上线，该电商平台的定位是网上超市，这在当时是个格外新鲜的概念。2008年，该电商平台的销售收入达417万元，2009年其销售收入翻至4600万元，2010年则为8.05亿元，2011年销售收入飙升至27.4亿元。尽管过去几年，该电商平台销售规模突飞猛进，但和同行一样，这家电商企业也还没有实现盈利。

由于电商行业在物流、系统、人才及供应链的建设方面需要投入大量的资金，渴望迅速扩大规模的"某电商平台"同样需要大量的资金投入，而这并非几个创业伙伴所能解决的。2010 年 4 月，"某电商平台"引入了"某保险公司"。"某保险公司"以 8000 万元人民币的价格收购其约 80% 的股权。

双方的合作，使得该电商平台用户量与销售收入加速增长。2011 年 5 月，以保险业务为主的 PA 保险公司借助该电商平台的电商渠道布局医药健康领域未果后，PA 保险公司将 20% 的股权作价 6500 万美元出售给沃尔玛。2011 年 12 月，沃尔玛从 PA 保险公司接手该电商平台 50% 的股权。2012 年 2 月，沃尔玛追加股权，持股增至 51%。此时，于某等管理层则持股 11.8%。

在沃尔玛控股该电商平台之后，业内人士分析称，该电商平台或成为沃尔玛的线上载体，可能面临较大调整。对此于某表示，沃尔玛只是作为战略投资者进入电商平台，不会影响公司管理层的决策地位。于某等管理层甚至表示将来"某电商平台"要独立上市。但被资本逼退，这不是于某本人能控制的。沃尔玛控股该电商平台后和于某团队意见分歧越来越大。对于沃尔玛来说，业绩第一位，但对于某来说，"某电商平台"和中国互联网其他电商公司一样，需要继续烧钱圈地。

一位电商行业 CEO 说，"某电商平台"规模做得很大，一年销售收入突破100 多亿元，但同时物流成本很高，亏损率也至少有 10%，相当于年亏 10 多亿元，这与讲究精细化管理的沃尔玛来说，就是矛盾。

2015 年，在"某电商平台"股权结构中，沃尔玛持股 51%，是该电商平台最大的股东。"某保险公司"约持股 30%，于某和刘某持有约 10% 左右的股份。2015 年 7 月，"某电商平台"的创始人于某、刘某等人宣布离开该电商平台的消息，令业界一片唏嘘。于某在微博中表示："我们把'某电商平台'看成我们的孩子，倾注了所有的心血和情感，我们吃饭、走路、做梦都想到它，它是我们的一切，我们用心而不仅是用脑做该电商平台。" 然而这样一位创始人，仍然没有逃脱痛失控制权，黯然离开的命运。

在资本界，于某的遭遇并非个例。

与竞争对手合作，马某愤然离席"某黄页"

如今在中国商界如日中天的企业家马某，当年也曾有过类似的经历。

1995年3月，马某从杭州电子工业学院辞职创业。1995年5月，马某创办了"某黄页"。"某黄页"的主要业务是给企业做网站，由于没有核心技术，马某等创业伙伴只能拿到很少的分成，其中大部分的利润都被美国负责做网页的团队拿去了，意识到核心技术重要性的马某立刻召集了一部分做网页的技术员。

嗅觉灵敏的某电信企业意识到做网站将是一片前途不可估量的蓝海，1996年3月，某电信企业利用"某黄页"（chinapage.com）已有的名声，做了一个名字很近的网站，也叫"某黄页"，分割马某"某黄页"的市场。

为了能使"某黄页"活下去，马某最后选定同某电信企业合作。1996年3月，"某黄页"将资产折合成60万元人民币，占30%的股份；某电信企业投入资金140万元人民币，占70%的股份。

从一开始，马某与某电信企业的合作就是不得已而为之的选择，不久双方合作就出了问题。虽然某电信企业也看好马某的"某黄页"，但却急于做大赚钱；马某则认为，做互联网公司犹如养孩子，不可能让3岁小孩去挣钱。双方争来争去，分歧日深。

几个月后，破裂终于不可避免。马某带人到外地拓展业务，回到杭州一看，公司已经大变样。某电信企业又注册了一家自己的全资公司，又建立了一个网站，而且中文名字也叫"某黄页"。于是杭州有了两个"某黄页"。新黄页利用老黄页之名开始分割老黄页的市场。两个黄页一个套路，同城操戈，自相残杀。做一个主页，你收5000元，他就收1000元……刚刚起步的商用互联网陷入混乱之中。直到这时，马某才明白，某电信企业并无合作诚意。"因为竞争不过你，才与你合资，合资的目的是先把你买过来灭掉，然后去培育自己100%的全资黄页"。

马某一手创办了黄页，在他眼里"某黄页"就是他的孩子。两年多来，马某带领"某黄页"团队浴血奋战，好不容易打出一片天地，到头来突然发现孩子已经改名换姓。悲愤至极的马某为了迫使对方关掉新黄页，愤然离职。

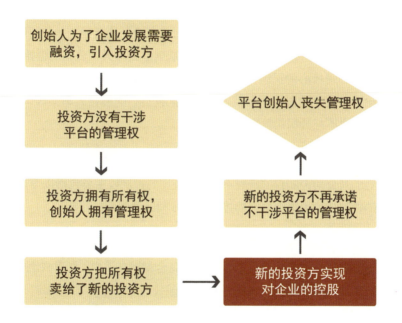

注：图中红色标注部分是该类骗局的关键环节

　　某著名天使投资人曾警示："如果创业者一开始就把主权让出去，60%的股权给出去，再伟大的企业也做不下去；我（创业者）只要把事情做起来，这个股份多少不重要，这是错误的，凡是不以股份为目的的创业都是耍流氓。"

　　由此可见，创始人维持对公司的控制权有多重要。股权是对公司的终极控制权利，公司最重大的事项通常是基于股权由股东（会）决定的，如公司章程修改、董事任命以及融资等。以京东和百度为例，从创业到今天，公司的创始人一直都在公司而且是公司核心的灵魂人物，牢牢把握着控制权，带领着公司向前发展。反观"某电商平台"的创始人于某、当年"某黄页"的创始人马某等，既不在公司的董事会，也不在公司的管理岗位上。

　　造成创始人在公司处境不一样的原因很多，但从法律的层面来讲最主要的一个原因是他们对公司控制权的把握不一样。公司的控制权主要包括以下三个方面：股权层面的控制权、董事会层面的控制权，公司经营管理的控制权。

　　股权层面的控制权包括绝对控股和相对控股：绝对控股权情形下创始人持股达到67%，也就是达到2/3，公司决策权可以完全掌握在手中。要形成绝对控股权，公司创始人至少要持有公司51%的股份。中国公司法和公司章程规定，公司的最高决策机构是股东（会），股东会的普通表决事项，多为1/2以上多数表决权通过，而少数重大事项（如公司章程修改）还需要2/3以上表决权通过。掌握了控股权，就能够控制股东（会）决策，进而控制公司。

　　而相对控股权往往需要公司创始股东为持有公司股权最多的股东，与其他股东相比可以保持对公司的相对控制权。控制权的问题是许多公司的隐患。公司在创办时期，处理不好控制权问题往往会为公司日后发生股权争执埋下伏笔。例如50:50和65:35这样的股权结构设置在公司早期的时候可能会相安无事，但随着公司的不断发展壮大往往会发生同贫贱难富贵的局面，利益分配的冲突将十分明显。例如40:40:20的股权比例设置可能会导致两个大股东都想联合小股东来控制公司。而50：40：10这样的股权比例设置也会导致两个小股东联合跟大股东对抗，形成僵局。

创始人需要知道的另一条法律知识是股权与投票权是可以分离的。现实情况中，随着公司的不断壮大，公司的估值和溢价越来越高，融资对创始人股权的稀释效应会有递减的效果。但是，资本对企业扩张的作用不言而喻，而融资市场瞬息万变，创始人需要仔细衡量和规划，什么阶段需要融多少资，以维持公司稳健的资金流，同时兼顾与公司估值的合理平衡。

◢ 防骗关键点提示

股权的分散导致控制权旁落的风险几乎伴随着每一位创业者，小到尚在跑马融资的创业企业，大到著名的集团公司，随着多轮融资，股权无一例外地被不断摊薄。创始人需要仔细衡量和规划企业的融资需求，才能维持公司的稳健发展。

综合类骗局

FINANCIAL FRAUD
PREVENTION 33DAYS

第23天 23th day

民间借贷的风险陷阱

借条是指借个人或者公家的现金或物品时写给对方的条子，钱物归还后，打条人收回借条，即作废或撕毁。

日常生活中，涉及借钱的事，彼此之间经常会写一张借条，这样的借贷关系常常发生在熟人之间，借贷双方彼此信任，感情友好。岂料，生人易躲，熟人难防……

近日，普华商学院 400 防骗热线接到了丁某的电话，丁某向我们讲述了他受骗的经历：丁某和王某是远方亲戚关系，春节前夕，王某以装修房子为由向丁某借款 15 万元，并表示要打一张借条给丁某。当王某拿出自己随身携带的笔书写借条时，丁某没有丝毫戒备，碍于面子写好的借条也并未细看。几个星期后，王某无意中发现当初打的借条竟然成了一张白纸，上面只有几枚鲜红的手印……

生活中，很多人借钱给别人或者向别人借钱，一不小心被人钻了借条的漏洞，可能造成难以追回的损失。一位我熟悉的企业家的"借条骗局"很典型，我们把他的经历写出来，希望广大读者能从中吸取教训，提高防范意识。

模糊期限致追债艰难

企业家高某是江苏省某村村民，与同村人王某一起长大，兄弟情义深厚。因不甘忍受贫困与落后，高某带领几个村民开始创业。1993 年，高某创建的民族服装品牌在当地已经很有名气。此时发小王某也准备自主创业，并以缺乏启动资金为由向高某借款 500 万元。

王某向高某出具借条并承诺两年内一定归还。高某注意到借条落款处的大写日期，感觉有点问题。王某写的还款日期是"一九九五年六月一日"，可高某怎么看都像是"一九九五年元月一日"。王某呵呵一笑，说从小写字就这样，都改不过来了。高某也没往心里去，因为两人从小在一起读书，王某写字的确是这样，"六"与"元"不分，"人"与"入"不分，好多字都写的模棱两可，大家都知道，也都习惯了。再说，从小一起长大的兄弟还能讹人？

1995 年是高某人生中最为艰难的一年，工厂全年生产的 23 万件服装只卖出 10 万件，其余的全部积压在仓库里，几百名员工的工资发不出来，更雪上加霜的是，银行的 800 万元贷款也上门催账了。

危急关头，高某提示王某借款期限到了，要求还款，王某以资金周转不开为由，希望高某再宽限几个月，碍于情面，高某也没有再提出要钱一事。此后王某没有将钱归还，一直到 1996 年 12 月 1 日，高某急需用钱，再次找到王某要求还钱。王某只字不提还钱的事情，开始细数兄弟之间的情谊："当年一起在墙角逮蛐蛐，一起钻到车轮下捉迷藏，一起到邻居家搞恶作剧，一起上学，一起回家……那个年代，物质匮乏，但我们感情深厚，现在兄弟有难，你却步步紧逼，难道你就不念当年的一点点情谊吗？"

王某声泪俱下，高某竟无言以对。王某继续说："你放心好了，钱我一定会还你的，你再给我两个月时间，如果到 1997 年 2 月 1 日我再不还钱，你可以到法院起诉我。"高某心想，就算 2 月份起诉王某也还在诉讼有效期内，还在法律的保护范围内，于是就答应再给王某两个月的周转时间。

转眼两个月过去了，王某并没有如约还款，高某再次找王某催款，不料王某却说，自己已经咨询了律师，这种债务已经超过了两年时效，不用还了。气愤之下，高某将王某起诉至法院。

在庭审中，被告王某一口咬定当时借条上写的还款日期是"一九九五年元月

一日"，高某将"元"曲解成"六"，存在明显的诬陷。王某的辩解高某并不认同，双方展开了激烈的争辩。后经司法鉴定，王某当时在借条上签的还款日期"一九九五年元月一日"属实。

法院审理认为，被告王某于 1993 年 6 月 1 日向高某借款 500 万元，并向原告高某出具借条，结合被告在庭审答辩中对借条由来的陈述等情况，可以确定被告王某出具借条的行为属实。原告高某超过诉讼时效，原债务成为自然债务，不具有强制执行力。高某哑巴吃黄连，有苦说不出，因警惕性不够最终付出了惨痛的代价。

"文字游戏"暗含的风险陷阱

与高某同样警惕心不够的还有长春市民王某。王某是长春市一名个体商户，2014 年 2 月，朋友赵赢找到他，希望能借 10 万元钱，按照月利率 8 分的利息在半年内归还。当时王某刚好手里有 10 万元存款，考虑到赵赢给出的利息并不低，就将 10 万元钱借给了赵赢，并打了借条。

2014 年 8 月，还款的时间到了，王某找到赵赢要求还款，赵赢表示自己从未借过王某的钱，王某出示借条，赵赢却说，他的名字不是这个，他名字中的"赢"是输赢的"赢"，字的下半部是"月贝凡"。而借条上的"嬴"是秦始皇嬴政的"嬴"，字的下半部是"月女凡"。王某定睛一看，傻眼了。最后王某只能通过法律手段来维护自己的权益，通过司法鉴定认定了赵赢的笔迹，最后法院判定赵赢归还欠王某的 10 万元钱及利息。

借条本是借款人向出借人出具的借款书面凭证。现实生活中，借条也会被一些别有用心、见钱眼开的人当做欺诈钱财的手段，从而使出借人遭受经济损失。

2013 年 8 月，林某夫妇以经营生意缺少资金为由向魏某借款 7.8 万元，双方约定利息按月利率 2% 计算，借款时间为半年。林某夫妇当面写了一张借条交给魏某。2013 年 11 月，林某夫妇提前还完了借款，并从魏某手中拿回了原始借条。

2014 年 2 月底，魏某竟然将林某夫妇告上了法庭，理由是林某夫妇拖欠魏某7.8 万元，多次催款，林某夫妇总是以各种理由拖延不还。面对魏某的起诉，林某夫妇顿时傻了眼，明明已经归还了全部借款，怎么魏某还向自己讨要借款？林某夫妇告诉法官，借款事实确实存在，但已于2013年11月向魏某如数偿还了欠款，且从魏某手中拿回了当初出具的借条原件。

随后，魏某和林某均向法院提交了自己所持有的借条，经过现场比照，两张借条一模一样，无法分辨，案件审理一时陷入僵局。后经司法鉴定，魏某所持的借条字迹并非原始书写形成，借条上的三处指印也不是原始按压形成，笔迹和指印均是使用彩色激光设备复制而成。法院依法驳回了魏某的诉讼请求，并依法对魏某司法拘留七日。

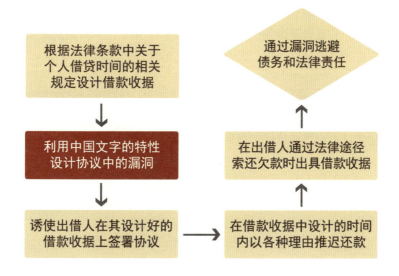

注：图中红色标注部分是该类陷阱的关键环节

　　"借条"是借贷双方在设立权利义务关系时，由债务人向债权人出具的债权凭证，也是出借人向借款人交付借款时，借款人向出借人出具的一种借贷事实的依据。借条的基本内容包括债权人姓名、借款金额（本外币）、利息计算、还款时间、违约（延迟偿还）罚金、纠纷处理方式、债务人姓名、借款日期等要素。必要时，还应当由担保人签字，并写明担保期限、责任。但在现实生活中，因为借条书写不规范，语言表述含糊等原因，一份"精心制作"的假借条很容易成为一场有预谋的骗局。

　　在第一个案例中，王某在借条落款签字时故意书写不规范，利用高某警惕性不高的弱点，连打情感牌，最终导致借条超过诉讼时效。我国《民法通则》确立了两种诉讼时效制度，即一般诉讼时效制度和特殊诉讼时效制度。我国法律规定的"一般诉讼时效"指在一般情况下普遍适用的时效，这类时效不是针对某一特殊情况规定的，而是普遍适用的，如《民法通则》规定，向人民法院请求保护民事权利的诉讼时效期限为两年，法律另有规定的除外。

　　也就是说，我国民事诉讼的一般诉讼时效为两年。特殊的短期诉讼时效为1年，长期诉讼时效为20年。超过诉讼时效，原债务成为自然债务，不具有强制执行力。所以说，借贷双方都要对诉讼时效问题引起重视，如果对诉讼时效有疑问，建议咨询律师，尽早发现问题并去解决，以免错过诉讼时效变得被动，或者造成自己的债权损失。

　　从诉讼时效的角度看，如果借条注明了还款日期，那么诉讼时效就从还款日期的次日起计算两年。如果没有注明还款日期，则表明该合同系履行期限不明确的合同，债权人有权随时要求债务人履行债务，但须给对方必要的准备时间。

　　除了诉讼时效问题外，在借贷关系中，以下几个问题也要引起借贷人的足够重视：

一、在打借条时不要使用多音、多义字。比如"还欠款人民币壹万元"　既可以理解成"已归还欠款人民币壹万元"，也可以理解成"仍欠款人民币壹万元"。

二、出借人的姓名应该与身份证上记载的名字一致，不建议写笔名、别名，以防借款人赖账。另外，在借款人签名时出借人必须亲眼看其签名，防止借款人用其他的形近字来代替，最后拒绝承认借款。

三、在书写借条时，标题和借条正文之间不要留空行。另外，由于发生过恶意借款人使用褪色笔书写借条的案例，因此书写借条时最好使用自己带的笔，借条全文手写较为妥当。

四、出借人的姓名后应附身份证号码，因为同名同姓的人不在少数，而身份证号是唯一的。同时应由借款人在手写的名字上按手印，否则一旦发生诉讼，就借条是否是借款人书写发生争议时，字迹鉴定的费用不菲，而且也不是每张借条上的字迹都具备可鉴定条件。

五、借款金额既要写阿拉伯数字也要写大写数字，借款期限要大写，以免日后被篡改引发争议。

六、利率应写清是年利率或月利率，同样也要附大写，法院通常认定约定利率以央行发布的金融机构同期同类人民币贷款基准利率的 4 倍为上限。另外，民间也常将利率表述为"月息几分"，如"月息两分"，就是指"月利率 2%"，但为了避免争议，利率应尽量采用"年／月百分比"予以表述。

七、借条末尾日期以下的空白纸张最好裁掉，另外，借条书写中有涂改时，应要求借款人在涂改处按手印，若要求借款人重新书写无涂改的借条则更为妥当。借条书写完成后，为防篡改借款人可用手机拍照留存，进一步的措施是借款人复印一份留存（并请出借人签注"该借条复印件与原件一致"）。

◣ 防骗关键点提示

朋友或熟人之间的日常借贷时有发生，鉴于相互信任，双方往往怠于完善借款的法律程序。为了避免日后产生不必要的麻烦，出借人应该摒弃面子观念，提高警惕，完善相应的借款程序。

第24天 24th day

协助追债、债务重组骗局

不良债务会给企业造成沉重的负担，困扰着企业的发展，如果企业没有足够的资金来抵偿到期的债务，企业的财务风险会很大，融资也很困难。如果企业亏损，债务产生的杠杆效应又会使企业产生严重的财务问题。个人负债过重，又会面临银行诉讼、债主讨债等风险。

人们急需用钱、急需减小负债压力的心理往往给了骗子很多机会，骗子利用负债人慌不择路的心理弱点，精心设置圈套，一步一步引人入套。

近日，普华商学院的 400 防骗热线就接到了身陷此种骗局的客户王某打来的电话，王某为债务所逼，苦无解决办法。恰好一位神秘的朋友告诉他一个解决负债的方法：不碰钱，不碰账，在专业人员的指导下，通过几纸非诉合约，通过兑换兑冲等方式就能轻松解决债务。病急乱投医的王某轻易就成了骗子的猎物，结果不仅原来的债务没消除，反而凭空增加了更多债务。

不花一分钱就能轻松解决一个世界性的难题，为什么如此荒谬的骗局还会有人相信？这不禁让笔者想到了风靡一时的"B××商业精算模式"，其创始人 Z某打着某知名大学的旗号，以举办债务重组培训课程为名骗取钱财，大肆宣扬所谓的 B×× 理论。今天，我们给大家还原这一骗局的始末，让更多人认清此类骗局的本质。

"高大上"的精算模式

Z 某自称是全球独立精算 ×× 学创始人、全球商业精算模式课训导师、国际债事 ×× 联合会发起人、国际商业精算模式缔造者、世界立伦学理论创始人、城市 ×× 大系统创始人、×× 精算发展研究中心常务副主任。

Z 某对外宣称："本着既不碰钱也不碰账的原则，让债权人和债务人在专业人员的指导下，从搭建债务链开始，提供一系列的债事者服务，运用先进模型最终减少、减除债务。"

刘某就是 Z 某发展的一名学员。刘某是郑州某蛋糕连锁店的老板，2008 年，该蛋糕店在河南省的门店超过 50 家。2009 年经过多轮风投融资该店一度成为中西部同行业的翘楚。2010 年，该公司境外上市计划遭搁浅。2014 年该公司因资金链断裂关闭所有门店，负债总规模为 3.4032 亿元，被拆封资产约 2.1 亿元。公司负责人被供货商、债权人、员工频繁追债。

2015 年 7 月，一个偶然的机会刘某认识了四川成都的赵某，赵某告诉刘某，自己曾在江西承包绿化工程、开养生会所共欠了 1500 多万元的债务，被债主恐吓、威胁，逼得走投无路，自从听了 Z 某债事生活服务行的公益课程后，对自己的产业重新进行了整理，不到 3 个月时间就还清了债务，现在"无债一身轻"。为了感恩，也为了帮助更多像她一样处境的人，她现在跟随 Z 某专注于债事生活服务行的工作。

赵某表示，Z 某花十年时间创立的"B×× 商业精算模式"能拯救处于债事当中的企业和个人，为债事提供减少、消除的方法。见刘某有所狐疑，赵某继续介绍，通过精算模型整合资产、兑换兑冲、逆向融资等方式，企业和个人能够消减大量债务，也就是不用钱就能减少债务。

一名自称是赵某朋友的人也对刘某表示："Z 导师独创的债事生活服务大系统项目真是太好了，它不仅帮我们企业家解决了负债问题，而且还能缓解社会矛盾，解决就业问题，共建和谐社会，真是一件积德行善、功利千秋的伟大事业。"

赵某表示，如果现在报名的话还可以获得 Z 某亲自赠送的两个系统，先赢分

钱系统解决的是未商先赢的问题，合商闭合系统解决的是负债和负债链的问题。现场报名正常价格是9.8万元，最近正好在搞活动，优惠价是4.8万元，后期价格将恢复到9.8万元。

经不住赵某的极力劝说，刘某动心了。只要债务问题解决了，就可以东山再起。可是事情并没有这么简单，这位在赵某口中超神入圣的张导师，并没有帮他解决掉债务问题。

"吹破牛皮"的债务重组

在课上，Z某只是不停地宣讲自己独创的"B××商业精算模式"凝聚了华尔街乃至全世界金融规律的高端资源，可以轻松解决中国企业"价值信用用尽缺失问题"、"负债死局问题"、"企业负债资产复活转换成优良资产"等疑难问题。Z某宣扬，不碰钱、不碰公司账目就能轻松化解当下的金融债务泡沫。Z某还表示，希望能有爱心人士加入团队，一起拯救正处于水深火热、负债死局的企业家们，帮助他们不用钱去减少或消除负债，让他们不再面临银行诉讼、资产消失、债主讨债、妻离子散的命运。刘某急切想知道的关于消除债务的具体办法Z某却闭口不提。

在刘某的追问下，Z某的助理告诉刘某，具体的操作办法Z某将会在下节课做详细解答。下节课的报名费是9.8万元，需要提前交费，因为听课的人太多，名额有限。不甘心的刘某四处拆借，凑了9.8万元的报名费交给了Z某的助理。

连听了两节课，刘某感觉到课程内容和自己期待的并不一样。Z某根本就不提真实的操作方法，只是一味宣传自己的模式如何功德无量，如何造福人类。意识到上当受骗的刘某悔恨不已，向Z某的助理追讨已经缴纳的14.6万元的学费。没想到Z某的助理告诉刘某：听不懂很正常，"凝聚了导师十年心血的研究成果，你想几个小时就听懂，谈何容易？"

助理告诉刘某可以课下跟导师多交流，如果向债事生活服务行的行长咨询，每15分钟收费500元，每增加10分钟加收200元。向债事代理咨询，每15分钟收费300元，每增加30分钟加收150元。向债事领士咨询，每15分钟收费200元，每增加30分钟加收100元。提交债务链，每条300元，逆向融资开户，每户300

元，债事额外培训，每人 200 元。等你自身的债务消除了，如果想加入到这一伟大的事业中，需要缴纳 500 万元的代理费。

刘某本想借该精算模式消除自身的债务，没想到又凭空增加了十几万元钱的债务。愤怒的刘某打电话向当地公安机关报警。

与刘某一样上当受骗的还有四川的王某。2014 年，王某从亲朋好友处筹钱去成都做小本生意，因农产品销路不好，货物长期积压变质亏了不少钱。因为还不了钱，亲朋好友之间反目成仇，整天处于烦恼和困顿中的王某希望这样的局面早日能够化解。

2015 年 11 月，王某看到一则广告，首家债事生活服务行将要在成都落户，届时 Z 某将亲自传授自己十多年的研究成果，不用花一分钱就能拯救被债事缠身的人们。抱着一丝幻想的王某打电话向该服务行咨询，对方告知要想听课需要缴纳 9.8 万元的听课费，见王某迟疑想放弃，对方又告知，如果实在有困难，可以先付 4.8 万元。几次三番的电话战沟通之后，王某最终缴纳了 2 万元的听课费。

一节课过去，除了听到一些假大虚的口号之外，王某没有任何收获。王某要求退款，该机构不同意，并告知王某，Z 导师的精髓"不可能在短短几小时内领悟，要想获得秘诀，需要继续交钱听课"。

很适时地，一名自称在广东做玩具销售生意的重庆女老板肖某现身说法，肖某听完 Z 某的课，自己已经尝到了甜头。一方面，受欧盟经济下行的影响，国外客户延长期赊账，她的 1.6 亿元融资款迟迟还不上；另一方面，她此前借出去的款又迟迟收不回，导致资金链出现危机。自从听了 Z 老师的课，她对债务人、债权人进行了整合，很快自己便从债务链中全身而退。不仅如此，她还因提供债务链信息，获得了部分服务费提成。

结局自不必说，肖某显然是一个"托儿"，其口中言之凿凿的事实，皆属虚构。信任的结果便是继续上当受骗。谎言总有穿帮的一天，无论多么天花乱坠的宣传，在铁一样的事实面前都一文不值。

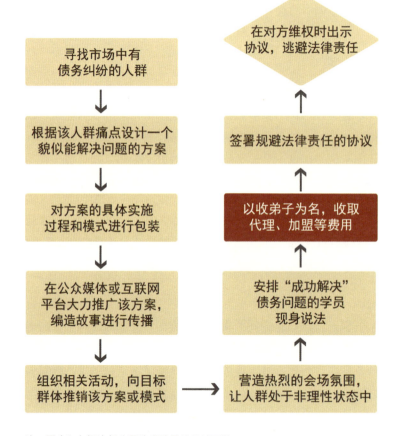

注：图中红色标注部分是该类骗局的关键环节

善良是人性中的美德，但在骗局面前被轻易把玩的善良和简单，不能不说是人的软肋。

Z某的B××模式已经像"水果YH"一样，遍地开花。Z某通过虚构一个并不存在的三角债模式，以造福所有负债者为伟大使命，吸金无数。纵观该案例，就会发现Z某设置的模式有很多疑点。

第一，债务重组是世界性的难题，谁也没有好的解决方法。现代世界经济中的债务现象是国际经济关系中一个新的、非常重要的因素，自1974年以来，国际债务发展异常迅速。如果真有好的解决办法，20世纪80年代初举世震惊的国际债务危机就不会爆发；20世纪90年代中期墨西哥、俄罗斯、巴西、土耳其等国就不会先后发生债务危机，更不会有2009年爆发的、令全世界金融专家都束手无策的世界金融风暴发生。

第二，利用债务人走投无路的弱点牵制其行动力，预先设置虚构的三角债模式，再提出银行等金融机构协助解决债务的设想，让大家感觉真实可信，等交完钱之后并不介绍真实有效的操作方式，而是诱骗受害人继续交钱听课。

第三，Z某本人身份可疑。他自称是北京某高校经济学院中国精算发展研究中心的常务副主任，发表过学术论文多篇，但据该高校经济学院精算发展研究中心出具的声明显示，Z某并未担任该高校经济学院精算发展研究中副主任一职，其个人研发项目或培训项目与该中心无关。

第四，Z某举办的新闻发布会"高大上"。网络资料显示，Z某的商业精算模式培训课选址均在钓鱼台、国家会议中心等地方。为了增加培训课程本身的可信度，会议一般都会邀请国家商务部、国家发改委、国资委、各地市政府的人员及主流媒体参加。

通过上述案例，我们不难发现，该类骗局的主要特点是：

一、设计一个貌似能解决债务人痛点的方案，利用公众媒体或者互联网对该方案进行宣传和推广，以代理或加盟弟子的方式收取其他费用。稍加留心就会发现，该类骗局编造的方案在实际生活中不可实施，方案中涉及的政府部门或相关金融机构，均不会认可该种形式的方案。

二、凡是存在在活动过程中营造热烈氛围、现场有大量的人员热烈推广、不给目标人群冷静思考的机会等情形，投资者要谨慎投资。

三、该类骗局中所谓的名人、导师，除互联网外，在任何政府公开渠道或社会公众媒体均无法查询，其编写的名头或者历史均无法在正规的媒体或渠道得到验证和考核。

写到此处，我们大概也就明白了，对待骗局，除了拿起法律的武器维护自身的利益，最好的方法就是总结被骗原因和经验，避免下次再被同一块石头绊倒。

◤ 防骗关键点提示

债务重组属于世界性的难题，如果有人告诉你他可以轻松解决债务问题，无论他设计的模式听起来多么"高大上"，都是一个骗局。

第25天 25th day

激情培训、金融培训的风险陷阱

上世纪90年代，在大多数中国人全然不知金融是什么，对财商浑沌无知的时候，一本关于财商的书《富爸爸，穷爸爸》登上了美国《纽约时报》排行榜。随后，这本紫色的小书撬动了中国人对财富的认知，在中国掀起财商狂澜。

"财商"这个新鲜的词汇触及中华民族几千年来的传统思维，中国人的财商开始从混沌到觉醒。随着中国经济迅速发展，人们生活水平进一步提高，人们对财富的渴望与追求更是与日俱增。这样的形势下，在美国有二十年财商历练的N某高举着"财商时代来临"的大旗回到中国传播财商教育。激情教育和培训触动了人们内心对财富的渴求，在财富欲望面前人们也最容易丧失理智。

普华商学院金融研修班的课堂上，曾有过一次关于"激情培训，财富教育"的讨论。同学们各抒己见，争先辩论。一些激进的同学认为在新的经济发展形势下，我们不能固步自封，要解放思想，与国际接轨。而另一些同学则表示担心，这类培训课程让人对财富的渴望无限膨胀，最后可能会导致不可收拾的后果。听了同学们的讨论，我们找典型案例分析一下这类培训的特点，希望读者们要谨慎对待这类培训。

争做中国财商教育第一品牌

2006年，在中国民众的财富观念慢慢开始转变的背景下，一家名为"金 ZY

财富教育"的企业成立。"金 ZY"总部设在深圳，由美籍华人 N 某和美国人麦某共同注册成立。"金 ZY"，号称"中国财商教育第一品牌"，是唯一传授使用获得诺贝尔奖的"资产配置模型"的机构。

根据"金 ZY"的资料宣传，创始人 N 某在美国先后获得市场学、金融学学士学位，她的毕业论文甚至让花旗银行行长都震惊不已，邀请她到花旗银行工作。此后，N 某曾任美国花旗银行私人资产管理部、国际信贷部主任，成功辅导和帮助过 9 家公司的上市和运营。和 N 某的个人经历同样传奇的是她的家庭背景，N 某出生于教育世家，父亲于 1946 年参加革命，新中国成立后曾参与创办过多所高等院校，获得 "开国将士勋章"的荣誉称号，从此载入了史册。

如果说 N 某的个人经历向人们证明了她是一个难得的人才，那么她的家庭背景就帮助她为"金 ZY"披上了一层社会责任的外衣，占领道德的制高点。"金 ZY"从成立之日起就把"千百十"工程作为企业的目标，"让 1000 万中国人改变财商观念"、"让 100 万中国人财富明显增长"、"让 10 万中国人实现财务自由"，这是"金 ZY"宣称的大公无私的使命。

金字塔式的教学课程

"金 ZY"自成立以来，一直致力于打造一个国际性金融投资理财教育和信息交流的平台，自称是中国第一个打造专业投资理财教练的俱乐部。"金 ZY"投资理财教练的座右铭是： "我先做给你看，我教你怎样做，我和你一起做。"听起来感召力十足，那么"金 ZY"的财商教育的运营模式到底是什么？

"金 ZY"自称引进了美国先进的家庭投资理财观念和方法，换句话来说就是夫妻一起学习。而"金 ZY"所谓的财商教育，其实就是为学员们设置金字塔式的教学课程。

最底层是 ITF，又称财富觉醒沙龙，课时半天，免费；

第二层是 IBS，又称家庭及企业资产增值白金课，课时三天两夜，学费 980 元；

第三层是 IFC，又称 "金 ZY"财富商学院，课时三个月，学费 7.88 万元；

位于金字塔顶端的是 BCC，也就是所谓的 10 亿富人乡村俱乐部。

"金 ZY"在全国的每个分公司，每隔两三天就要举行一场 ITF 沙龙。一位曾经到现场听课的知情人士介绍，"金 ZY"的投资教练不断地向听众介绍学员加入"金 ZY"后的资产增长情况，但对于如何让资产增长的方法却避而不谈。

"金 ZY"旗下的分公司就是利用这样的方式招揽学员的，使听众正式成为 IBS 学员。IBS 课程历时三天两夜，教练上课，高一级的 IFC 学员分享各自的"金 ZY"故事，为新学员讲解一些听起来很合理的理论。主要理论是"金 ZY"投资理财五大投资定律：长期稳定的现金流；信用最大化；灵活使用投资杠杆；学习拥有投资工具；做好投资组合及资产配置，降低风险，使资产增值最大化。IFC 课程为学员描绘的亿万财富的花花世界仿佛触手可及，听得学员们个个热血沸腾。

如果说 IBS 的课程都是一些小伎俩，那么接下来的 IFC 课程却真的可以让学员实现资金的从无到有。因为 IFC 课程的学费高达 7.88 万元，如何让学员主动参加，"金 ZY"的教练们也确实花费了一些心思。教练们时不时地向学员透漏一些"有用"的诀窍和秘方，来打动学员。IFC 课程前后耗时三个月，围绕"五大投资定律"展开。IFC 课程有两个震动人心的广告词，"生命共享、财富共享"和"零资产购买豪宅"！

IFC 学员即便一无所有，也能在其他学员处拆借 120 万元首付，按揭买下一套 400 万元的豪宅。除此之外，"金 ZY"还教学员买一个经营期限较长的营业执照，然后与同组学员一起相互往各自的账户上打钱，把"流水"养好。"金 ZY"鼓励学员利用银行的漏洞办大额信用卡，通过经营性贷款、信用贷款、银行授信等一系列方式，从银行、小额贷款公司、投资公司借钱。

进入最终的 BCC 课程，"金 ZY"开始让学员们投资自己的项目。"金 ZY"面向学员们推销的，不是保险、住宅、商业地产、证券、基金、债券这些传统的投资项目，而是自己发行的一种投资工具，名字叫做 Pre-REITs，就是把流动性较低的房地产投资直接转化为资本市场上的证券资产。简而言之就是固定资产证券化，把房地产贷款打包成资本市场上的证券资产在市场上销售。"金 ZY"的 Pre-REITs 产品由其指定的 A 公司运作，而证监会相关负责人曾就"金 ZY"的 Pre-REITs 产品予以回复："目前 A 公司的 Pre-REITs 产品并不在 REITs 试点名单中。"

　　"金 ZY"内部资料显示，"金 ZY"商业地产包括 5 家五星级酒店、10 栋 AA 级写字楼、5 个商业综合体和 10 栋服务式公寓和酒店式公寓。这些地产总市值约 90 亿元左右，但"金 ZY"发行的 Pre-REITs 针对学员的销售金额却已经 400 亿元。

　　一位已经退出"金 ZY"的 BCC 会员介绍说，"金 ZY"开始批发式地出售 Pre-REITs，分红的资金越来越多，资金的缺口越来越大。为了解决这个问题，"金 ZY"又开始向学员出售"短债"。"短债"不是名义上的债券，只是一张借款收据，借款单位包括"金 ZY"各个分公司、子公司。"短债"是"金 ZY"为 Pre-REITs 输血的主要手段，但这一行为无异于饮鸩止渴。

　　对"金 ZY"的财商教育运营模式透彻了解之后，我们对"金 ZY"神圣的社会责任感不得不产生怀疑。讲来讲去，"金 ZY"的财富教育似乎就一个"骗"字。"让 1000 万中国人变成金融骗子"？业内人士对"金 ZY"也曾有这样的质疑。有人曾经为"金 ZY"粗略算过一笔账，销售给学员的 400 亿元 REIT，288 亿元 IFC 学费，100 亿元短债共 788 亿元，再加上学员们之间的拆借资金，如果"金 ZY"真的是一场骗局，这场骗局规模至少有 800 亿元！

蛰伏已久的危机爆发

　　相关专业人士表示，"金 ZY"借用《富爸爸，穷爸爸》的名句，向学员灌输不要怕欠债，以债养债的思想，用杠杆原理壮大购买力，不断购买资产，从而实现个人财富完全自由。"金 ZY"编造财富自由的美好神话，令学员离不开这个骗局，这实际上是一种金融传销。至于"金 ZY"特色的夫妻一起学习，则是为了免除其中一方反对的可能性，可见其骗人手段的高明。

　　"金 ZY"成立以来虽然备受质疑，但发展的比较顺利，成立几年后就拥有 4 所有教学资质的学校（院），近 400 个招生网点，传播财商的足迹遍布全国 39 个城市。据不完全统计，"金 ZY"的 IFC 课程已经招收了四万多个学员家庭，BCC 课程招收的学员家庭也已经有四五千个左右。2011 年 9 月"金 ZY"获得中国政府颁发的金融理财教育执业执照，而其创始人 N 某更是被公众称为"财富信使"。

　　"金 ZY"在发展的过程中还有两个重大事情：一是购买浙江省千岛湖；二是

收购德国最大的银行——德意志银行，并准备在德国发行债券。然而相关媒体却披露，这两件事情完全是子虚乌有。

2014 年以来，"金 ZY"高杆杠下的现金流开始出现断裂，广州、成都等地部分学员的贷款逾期。"金 ZY"内部学员之间常常互相拆借资金，如果某个学员的现金流出现问题，会导致一群学员出现问题，"金 ZY"IFC 以上学员之间的信任开始逐渐崩塌，"金 ZY"精心设计的模式出现了裂缝。

由于学员的资金来源是银行、小额贷款公司，一旦"金 ZY"的学员现金流出现问题，部分小额贷款公司和银行也会牵扯其中。据调查，成都小额信贷领域排名靠前的两家银行，他们的逾期贷款中，三成以上由各种财富培训班学员造成，其中"金 ZY"学员所占的比例最大，很多"金 ZY"学员也被列入银行和小额贷款公司逾期贷款人的黑名单。

这场蛰伏已久的危机爆发后的冲击力极强，社会影响很大。"成都一名学员跳楼了"！2015 年 4 月 25 日深夜，一个名为"快乐太空群"的微信群内出现了这样的一条信息。"快乐太空群"是退出"金 ZY"的 BCC 学员组成的。据了解，自从 2014 年下半年以来，该微信群的成员不是第一次讨论自己在"金 ZY"的同学跳楼或者是压力过大患重症了。

此后关于"金 ZY"资金断裂的负面消息不断传出，越来越多的"金 ZY"学员主动控告"金 ZY"或者给记者披露相关情况，"金 ZY"的真相开始一步步展现在公众面前。未来这个资金体量庞大的"教育品牌"究竟何去何从，让我们拭目以待。

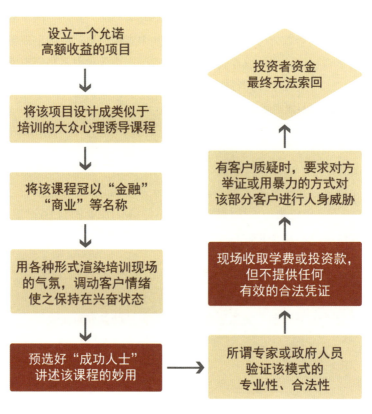

注：图中红色标注部分是该类陷阱的关键环节

本案例各个环节紧紧相扣，每个环节规划的都很完善，研究得也很深入。

"金 ZY"先是让学员以听课为由敛财，然后在各地方建立分支机构，接着各地分支机构开始"拉人头"。为了诱惑新学员，"金 ZY"安排一些老学员现身说法，表示自己已经挣了很多钱。在培训课程的设置形式中，"金 ZY"选择了金字塔式的课程体系，层层套钱。

在培训的过程中，如果直接让学员投资，很有可能会涉嫌非法集资。为了规避这一风险，"金 ZY"把培训费变成所谓的投资款，拿了投资款的"金 ZY"再运作空壳公司。

这明显是一套有漏洞的流程。该培训企业教给学员的并不是正常的金融学，他们不讲如何规避法律漏洞，而是讲如何钻法律的漏洞。

此外，发债在国内现行的金融法律体系中，需要拿到指定牌照才可以运作。如果你到批准发短债的银监会去审核，就会发现"金 ZY"所提到的短债在中国法律上根本就不存在。至于资产证券化，根据中国相关法律，其本身就不合法，不能实施。"金 ZY"教学员虚构公司之间的流水，骗取银行大额信用卡等行为都是违法的。

类似的的激情培训往往有一些共同的特点：

首先，此类培训过程中不断用感情轰炸，使学员的情绪一直处于兴奋状态。在这个过程中所出现的仅仅是人证，没有物证。我们知道，法律上所有的事情都有人证和物证，所有司法程序都是重物证。

案例中的专家、导师在网上查询不到其正式的专家名称或大学里任职的信息，"成功人士"也不会展示他的银行账户或收款记录。在对此类培训调研的过程中发现，培训企业的培训老师并没有相关的从业经验，也没有任何投融资成功的案例。老师们自称有某银行、某证券的从业背景，但调研发现不是假的就是难以验证的。例如，摩根某培训集团旗下所有的培训老师都说是金融行业从业人员，但调查之后发现，这些人大部分是从事管理行业的。

首先，此类培训，在公开媒体或公开资质中均找不到其踪迹。举办此类培训的机构，一般在全国企业信用信息公示系统均查不到其实有注资本金，这些机构没有正规对外的官方网站和手机网页。

其次，在此类培训中，"拉人头"一直是培训机构的重要手段之一。在培训的过程中，会有人专门负责给新学员洗脑，他们给新学员讲自己的成功案例。这些人其实是有返利的，这种机制的目的就是为了"拉人头"。

学员进培训公司学习是希望学到融资投资知识，但是培训老师不教大家具体的知识技巧，只是尽可能地用各种各样的方式忽悠学生交钱，这是一件非常危险的事情。培训过程中，培训老师讲述的都是一些高大上的金融概念，比如资产证券化、法兰克福炒股、诺贝尔融资、巴菲特融资体系等，这些都是让人没有办法弄懂的概念，落不到实处。

除此之外，发起人往往从一开始便笼罩着美好的光环。他们宣称有国外背景，号称在国内外获得了各种奖项。基于此，所有人在投资和融资的过程中，都要明白各种奖项荣誉和能不能挣到钱没有必然的关系。不要因为培训企业得到了某个机构的奖项荣誉就轻易相信。

◣ 防骗关键点提示

在培训课程中，如果培训老师没有相关的从业经验，不教大家具体的知识技巧，只是讲一些"假大空"的概念，很有可能是陷阱，需要特别谨慎。

第26天 26th day

代工、代养骗局

上个世纪 80 年代，我国南方地区曾出现一种"老鼠会"，这是"庞氏骗局"的翻版。其实，最广为人知的"庞氏骗局"是近年来出现的各种各样的传销组织。一些非法集资案件也大多是"庞氏骗局"的再现。2007 年的"Y 力神事件"、"YL 事件"、"WL 大造林事件"等都是改头换面的"庞氏骗局"。这类骗局打着投资小、周期短、见效快、市场广、利润高的旗号，大肆炒作，利用投资者想一夜暴富的急切心理，以赊销、高价回收、高利息回报等承诺，非法集资牟取暴利。

一群不会自己行骗的蚂蚁、兔子、蟑螂、香猪，怎么成就了一桩桩特大集资诈骗案件呢？本文中，我们将着重剖析几个典型的代工代养的诈骗案例，教大家认清骗局的本质，远离诈骗危害。

"Y 力神"的神话破灭

公开资料显示，1998 年王某在辽宁成立了一家科技实业有限公司，1999 年成立 Y 宝酒业有限公司，开始引进蚂蚁保健品业务。2001 年之前，王某以科技实业有限公司的名义开始蚂蚁养殖经营活动。

2003 年 1 月，王某等人出资 1 亿多元注册成立了某集团有限公司，王某任法人代表。该集团共设有 7 个不同类型的子公司，全国分销公司达三百多家，主要从事蚂蚁的养殖，该公司系列产品的生产、加工和销售等。

创建伊始，"Y 力神"就开始委托市民养殖蚂蚁，收取"蚁种保证金"，一定期限后本金返给养殖户，并支付不菲的劳务费。该公司 "委托养蚂蚁"的返利程序为：蚂蚁的养殖周期是 14 个半月，公司从养殖户领养的第 74 天起开始返钱，共分 6 次，1 万元本金在前 5 次每次返回 2000 元。此外，前 5 次每次还返给养殖户劳务费 525 元，第 6 次返还 625 元。这样，一个养殖周期下来，投入 1 万元本金就能获利 3250 元。

让投资者们比较放心的是，该公司蚂蚁委托养殖已经有多年历史，公司每年都能按时给养殖户返款，从来没有拖欠过养殖户们一分钱，最让人动心的是该公司承诺的收益率高达 50%。此外，该公司还获得过"全国名优食品重点推广品牌"、"中国放心食品信誉品牌"、"守合同重信用企业"等十几项荣誉。

买蚂蚁的养殖户你来我往，熙熙攘攘。该公司的客户经理一遍又一遍地告诫养殖户们：在正常喂的前提下，蚂蚁生命周期是 20 天到一个月左右死亡一茬，然后母蚁做窝产卵，小蚁仔又出来了，不停地循环，而公司收蚁干，也就是收死蚂蚁。公司一般半年检查一次，如果发现养殖户没喂过食喂过水的，或者放在地下室、车库里不管不问，扣 20% 违约金。与公司签了合同的养殖户如果中途反悔终止合同，也要扣除本金 20% 的违约金。

一名该公司的业务员曾表示，"养殖户有第一次来买的，也有赚了钱以后再来买的，第二次买蚂蚁的时候都会很干脆地递上身份证和储蓄卡。有一次买几万元、几十万元的，也有人一次买 100 多万元的。很多新客户经过简短的咨询后就直接签了合同。"

一位曾经在该公司任职的财务人员表示，在最红火的时期，公司只需要利用新蚁民所交保证金的一部分就足以偿付老蚁民的收益。疯狂的人们前仆后继，提空了家门口的储蓄所，昼夜排队给该公司交钱，而赚到钱的蚁民更加拼命地向公司投钱。面对高额的回报，投资者们很少关心自己投进公司的钱去了哪里，有人猜测可能去炒股了，有人猜测可能搞房地产开发了……村里的老太太们表示，"不管怎么说，我们都赚到了钱"。

也有养殖户表示，"之前沈阳也有一家养灵芝的公司用同样的方式吸引人栽种灵芝，后来公司倒闭了，买灵芝的人到处上访，最后政府赔了20%，个人赔了80%。我从一开始就投资了该公司，已经赚了五六十万元，但继续下去没准哪一天就赔了谁也说不准，至少我们目前能够赚钱，村里人都是这么想也是这么做的"。

其实大家都明白，只是谁都不愿意相信自己接的是最后一棒。一位该公司的养殖户发现回收蚂蚁的工人好像并不关心蚂蚁的质量，他偷偷的把箱子里的蚂蚁倒进垃圾桶。工人们看都不看就把空箱子收走了，钱仍然按时到账，一分不少。老蚁民徐某发现公司的工人们为了图方便直接把蚂蚁箱从楼上扔到楼下……越来越多的人发现，蚂蚁自始至终就是个幌子。

在人们大量养殖蚂蚁的同时，"Y力神"集团也在快速膨胀，产品出口到日、韩、拉美、东欧等20多个国家和地区。这样的发展速度如果能持续下去，假如养殖户们趋之若鹜，假如他们投进来的钱越来越多，假如全国人民都能参加进来，那么该公司将是不败的。只是很可惜，这样的假设根本就不存在。庞氏骗局的发明者庞奇以及他的后辈们无一例外的惨淡收场。业内人士指出，该公司每卖出一份万元的养殖合同，就要凭空制造出3000多元的利润。这与它给养殖户们超常规的回报有关。"只需14个月半，就能获利32.5%"。而同一时期国内各家银行的利率远远达不到这个水平。在地球的另一端，金融巨鳄索罗斯的对冲基金20年来的平均利润率也只有26.73%。

2007年8月，新签约的蚁民终于不够用了，公司的资金链断裂，无法履行与养殖户签订的合同。数以百万计的蚂蚁养殖户愤怒了，他们从吉林、黑龙江、内蒙古等地赶过来，前往公司总部、辽宁省政府等地抗议，并讨要保证金。三天的时间，抗议人数超过六七万。

警方调查资料显示，2007年"Y力神"集团资产负债率高达1500%，约有78.8万份蚂蚁委托养殖合同无法履行，受害者超过120万户，诈骗资金228.33亿元。而在那一年，中国A股市场所有上市公司的平均市值也只有200亿元。

该公司的教训深刻而惨痛。而另一起以托管造林为名进行传销和非法集资案件涉及的人数和金额及对社会造成的恶劣影响，同样令人咂舌。

YL 集团非法集资

公开资料显示，2004 年 4 月，赵某注册成立了内蒙古 YL 木业有限公司、北京 YL 木业有限公司等一系列公司，从事"合作托管造林"经营活动。

2004 年 4 月至 2006 年 5 月，赵某等人以"合作托管造林"可以获得高额回报为名，积极开展传销活动，在北京、内蒙古、辽宁等 11 个省（自治区、直辖市）的 45 个县（市、区），累计签订林地购置合同 1082 份，涉及林地面积共计 96 万亩，合同金额 8.8 亿余元。

警方调查发现，赵某等人首先在全国多个省市低价收购林地，然后以 YL 集团的分公司为销售主体，组建金字塔般的传销队伍结构。YL 集团的销售人员通过媒体广告、社区宣传、亲友传播等方式发展客户，并采用一对一贴身帮教等手段对前来认购林地的投资者进行授课培训，收取入门费。

该集团向投资者承诺，"在 YL 集团投资购林能获得高额回报，合同期满保证 15 平方米／亩的出材量，不足部分，该集团以自有林地予以补偿，并按市场价格收购，管护费用由银行监管，对购买的林木有保险，所购买的林地有林权证"等。

为了能让投资者们放心掏钱，赵某等人可谓下了一番苦功，赵某等人在工商、税务登记注册资料，建网站，在北京租高档写字楼作为营业场所，请来在全国范围有重大影响力的著名艺人做形象代言，在电视、报纸上打广告，一系列的精心包装将 YL 集团的传销本质掩盖起来，每一个前来咨询的人都觉得 YL 集团可以信任。

除此之外，赵某等人伪造了中国技术监督情报协会与《中国质量与品牌杂志社》颁发的"群众满意荣誉证书"，编造林业专家关于种植速生杨等树种的经济价值评估研究成果，谎称林业专家的实验结果年回报率高达 28.2%。在广告宣传中，YL 集团有意夸大速生杨生长量及收益，并对植树造林市场前景做了分析。却闭口不谈国家林业局发布的《关于合作（托管）造林有关问题的通知》中有关限额采伐制度的规定和经营成本。

为了获得高额提成，YL 集团的销售人员还细心研究了不同年龄段投资者的投资意向与心理特征。针对不同阶层的人，制定不同的销售策略。北京的退休教师何某就是受害者之一。在 YL 集团，何某第一次听说"托管造林"这个词，YL 集团的销售人员告诉她："我们把承包或收购的林地卖给投资人，再接受投资人的委托对林地进行管护，等林木长成后，双方再进行利益分配。我们销售的全是速生丰产林，林木 7 年后保证成材见效益，每亩地的净收入可达到六七千元。买的地越多，好处越大。如果你花 40 万元购买林地，就可以直接当销售经理，那样收益会更大。"

何某为了能当上 YL 集团的销售经理，几乎拿出了自己的全部积蓄。但这时 YL 集团却推说何某年龄太大，不适合当销售经理。面对突如其来的变故，何某不禁对自己购买的林地担心起来。2005 年的夏天，64 岁的何某瞒着家人独自到内蒙古自治区考察。到了林地面前，何某惊呆了，眼前的情景让她欲哭无泪：所有的树木只有筷子粗，高矮一尺左右，且存活率很低。让何某更加震惊的是，她在 YL 集团购买的 150 亩林地全是这样。

何某明白了，为什么自己每次提出要去看林地，YL 集团的销售员总是百般阻止。从内蒙古回来后，何某向北京市公安局报了案。继何某之后，北京市公安局陆续收到市民关于 YL 集团涉嫌传销的举报。为打击传销犯罪，减少广大购林群众的经济损失，2006 年年初，北京市公安机关成立专案组开始对 YL 集团进行全面调查。

2006 年年底，警方查明 YL 集团涉嫌非法经营的犯罪事实。调查结果显示，YL 集团按照每亩 500～800 元不等的价格向投资者收取所谓的"林地看护费"，仅此一项就收取了 3.2 亿余元。这笔资金既没有交给银行监管，也没有用于林地看护，而是被混入林地销售款，用于给各级销售人员发放提成和挥霍。调查中发现，北京一个销售分部的负责人黄某提成就高达 5000 多万元。

2007 年 7 月，包括赵某在内的 60 余名 YL 集团的高管全部被刑事拘留，非法所得资产被冻结，警方依法查封了 YL 集团在北京的经营场所。

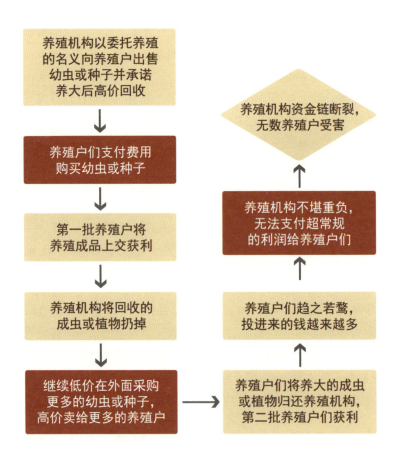

养殖机构以委托养殖的名义向养殖户出售幼虫或种子并承诺养大后高价回收

养殖户们支付费用购买幼虫或种子

第一批养殖户将养殖成品上交获利

养殖机构将回收的成虫或植物扔掉

继续低价在外面采购更多的幼虫或种子，高价卖给更多的养殖户

养殖户们将养大的成虫或植物归还养殖机构，第二批养殖户们获利

养殖户们趋之若鹜，投进来的钱越来越多

养殖机构不堪重负，无法支付超常规的利润给养殖户们

养殖机构资金链断裂，无数养殖户受害

注：图中红色标注部分是该类骗局的关键环节

十九世纪末二十世纪初，一位叫查尔斯·庞奇的意大利裔投机商策划了一个阴谋，诱使投资者向一个子虚乌有的企业投资，许诺投资者将在 3 个月内得到 40% 的利润回报，然后庞奇把新投资者的钱作为快速盈利付给最初投资的人，以诱使更多的人上当。后人称这种骗局为"庞氏骗局"。

庞氏骗局是所有金字塔式骗局的始祖，其中就包括在中国十分猖獗的传销式骗局。任何一种庞氏骗局得以成功，全部依靠向投资者承诺"低风险、高回报"的收益方式。在动荡的金融环境中，传统商业严重受挫，而像庞奇和麦道夫提供的这种表面上安全的投资模式更易受到欢迎。可实际上，这种所谓的投资只是靠"拆东墙、补西墙"来提供利益。虽然有些人可能会受益，但绝大多数人都只能成为别人的垫脚石。

本案例中托管造林的基本运作方式一般是通过租赁、承包或其他方式获取林地使用权及林木所有权，再转让给社会零散投资者，然后投资者再将林地和林木委托给公司经营。托管造林的主要骗术有：一、为公司披上合法的外衣，极力宣传托管造林是响应中央精神；二、以林权证为幌子，骗取投资人的信任；三、夸大林木生长量及林业投资回报率。托管造林公司多数在宣传中许诺很高的投资回报率或出材量，甚至宣传投资林业零风险。而实际上，林业生长受自然条件、品种选择、经营措施、自然灾害等多方面因素的影响，托管造林公司在宣传中，向投资者隐瞒投资林业所要承担的风险。宣传林木采伐不受采伐限额指标的控制；四、装扮公司形象，赢得投资者的好感；五、对政策进行不实宣传和误导。

简言之，庞氏骗局就是利用新投资人的钱来向老投资者支付利息和短期回报，以制造赚钱的假象，进而骗取更多的投资。在庞氏骗局中，滚动运作的资金池是支持骗局能否延续的关键。我们通常说的资金池是把资金汇集到一起，形成一个像蓄水池一样的储存资金的空间，通常运用于集资投资、房地产或是保险领域。保险公司有一个庞大的资金池，赔付的资金流出和新保单的资金使之保持平衡。

基金是一个资金池，申购和赎回的资金流入流出使基金可以用于投资的资金处于一个相对稳定的状态。银行也有一个庞大的资金池，贷款和存款的流入流出并不是直接地一一对应，资金池使借贷基本保持稳定。

庞氏骗局吸引人的地方，是它的资金池运作呈现出低风险、高回报的"投资规律"，以及参与者看不清、搞不明白的神秘投资诀窍。但无论设局者如何掩饰，庞氏骗局都逃脱不了幻灭的命运。为了让每一个阶段的投资者都在较短时期内获得可观的回报，这意味着整个骗局需要招募更多的人加入金字塔的基底。随着雪球越滚越大，等到新增资金无法填补缺口之日，就是庞氏骗局东窗事发之时。

普华在线提醒大家：凡是以代工代养、高价回购等借助庞氏骗局进行诈骗的案例在中国的法律上都被认为是非法集资。

《刑法》第一百七十六条规定：非法吸收公众存款或者变相吸收公众存款，扰乱金融秩序的，处三年以下有期徒刑或者拘役，并处或者单处二万元以上二十万元以下罚金；数额巨大或者有其他严重情节的，处三年以上十年以下有期徒刑，并处五万元以上五十万元以下罚金。

非法集资是指单位或个人未经中国人民银行批准，以发行股票、债券、彩票、投资基金证券或其他债券凭证的方式向社会公众募集资金，并承诺在一定期限内以货币、实物及其他方式向出资人还本付息或给予回报的行为。狭义上的理解是指非法吸收公众存款罪和集资诈骗罪。

我们为您列举以下几种常见的非法集资形式，供您参考。

未经中国人民银行批准，擅自开办储蓄业务的；

具有吸收存款业务资格的金融机构，违反国家利率规定，擅自变动储蓄存款利率吸收存款的；

具有吸收存款业务资格的金融机构，以给付回报实物等方式变相提高储蓄存款和利率吸收存款的；

具有吸收存款业务资格的金融机构，以发行股金等方式吸收资金变相吸收存款的；

以兴办实业，借种植、养殖、项目开发、庄园开发等名义，承诺回报进行非法集资的；

以商品销售与返租、回购与转让、代管、代养、发展会员、商家加盟与"快速积分法"等方式销售商品、收取保证金等形式进行非法集资的；

以国家对生态环境保护、发展绿色产业、民间资金造林等方面采取的鼓励政策为幌子，许诺高额回报，进行非法集资的；

以合作经营、投资入股、入股分红或加盟为名，承诺回报，收取定金、股金、加盟费等非法向社会公众集资的；

组织民间"抬会、合会、标会"等组织或者地下钱庄向社会公众集资的；

以发行或变相发行股票、债券、彩票、投资基金等权利凭证或者以期货交易、典当为名进行非法集资；

通过会员卡、会员证、席位证、优惠卡、消费卡等方式进行非法集资；

利用现代电子网络技术构造的"虚拟"产品，如"电子商铺"、"电子百货"投资委托经营、到期回购等方式进行非法集资；

对物业、地产等资产进行等份分割，通过出售其份额的处置权进行非法集资；

利用传销或秘密串联的形式非法集资；

利用互联网设立投资基金的形式进行非法集资；

利用"电子黄金投资"形式进行非法集资。

非法集资的形式多种多样，犯罪分子的诈骗手段不断翻新，使普通百姓防不胜防。为此，普华商学院提醒您：

认清非法集资的本质和危害，提高识别能力，自觉抵制各种诱惑。坚信"天上不会掉馅饼"，在投资时，应向工商等相关部门全面了解对方公司的经营、法人等情况，辨析真伪，尤其是对那些"高额回报"、"快速致富"投资项目冷静进行分析，切勿轻易相信，以防上当。

正确识别非法集资活动，主要看主体资格是否合法，以及其从事的集资活动是否获得相关部门的批准；是否是向社会不特定对象募集资金；是否承诺固定的高额回报，非法集资行为一般具有许诺一定比例集资回报的特点；是否以合法形式掩盖其非法集资的性质。

增强理性投资意识。高收益往往伴随着高风险，不规范的经济活动更是蕴藏着巨大风险。因此，一定要增强理性投资意识，依法保护自身权益。

增强参与非法集资风险自担意识。非法集资是违法行为，参与者投入非法集资的资金及相关利益不受法律保护。因此，当一些单位或个人以高额投资回报兜售高息存款、股票、债券、基金和开发项目时，一定要认真识别，谨慎投资。

市场有输赢，投资有盈亏。一些不规范的经济活动特别是非法集资蕴藏着巨大的投资风险。构成投资风险的客观原因是不成熟的市场经济体制和不健全的信用机制，主观原因是投资者的非理性行为。大家一定要善于透过现象看本质，识别非法集资的陷阱，谨防上当受骗；同时增强合法和理性投资观念，趋利避害，防范风险。

◣ 防骗关键点提示

世上没有免费的午餐，切莫盲目轻信高额回报的宣传。

第27天 27th day

收藏品虚假拍卖的风险陷阱

人类收藏的历史源远流长，自从私有制出现，便有了对物质和财富的积累和收藏。我国是一个有五千多年历史的文明古国，收藏的历史很悠久。

"人难得者唯趣"，收藏者对收藏品的钟爱、追求、赏识，对文化传承起到极大的推动作用。每一种藏品，都是一种文化载体，是一种历史缩影，一事一物总关情，这就是收藏的魅力所在。

收藏是一项迷人的投资，有投资就有市场，有市场的地方就容易成为一个逐利的战场，收藏市场如今也是乱象丛生。古人云，"乱世黄金，盛世收藏"，如今看来却是"黄金疯狂，收藏也疯狂"。

收藏品市场缺乏规范管理，混乱不堪，虚假拍卖骗局五花八门，防不胜防，藏友深受其害，却维权困难。电话拜访，寻访藏品，再假称帮你卖藏品，很多藏友都遇到过类似的情况。今天，我们为大家分析收藏品虚假拍卖的骗局。

"帮"你卖收藏品

安徽省灵璧县盛产的灵璧石被誉为"天下第一石"，宋代诗人方岩曾经由衷赞叹灵璧石说，"灵璧一石天下奇，声如青铜色如玉"。从古至今，许多石文化的爱好者都被灵璧石的独特魅力深深吸引着。

家住合肥的王某就是一位灵璧石爱好者，十几年前王某第一次接触灵璧石，便和灵璧石结下了不解之缘。多年来，王某一直坚持收藏各种各样的灵璧石。王某收藏的灵璧石数量多，形态也各不相同，其中一些很有收藏价值。

王某收藏灵璧石的事只有身边熟悉的朋友和志同道合的藏友知道。2010年，王某让女儿将灵璧石藏品的照片发到网上，希望可以卖出一些藏品。可是灵璧石一件没卖出去不说，倒是引来两件麻烦事。

首先是A文化交流有限公司找到了王某，说是可以帮王某拍卖灵璧石，王某想要好好考虑一下，并没有第一时间答应。在接下来的几天里，A公司每天都会给王某打电话，极力劝说她将灵璧石送到该公司进行拍卖。

经不住对方每天电话"轰炸"，王某抱着试试看的态度，带着几件精心挑选的灵璧石藏品去了A公司。公司的工作人员陈某热情地接待了王某，向王某简单介绍了公司的情况。公司的房间内摆放着玉石、纪念币、花瓶、木雕等展品，还播放着轻音乐，很有拍卖公司的氛围，王某对这家公司的信任多了几分。

陈某没有一开始就切入正题，她先给王某倒了一杯茶，两人随便寒暄着，聊的也比较随意。陈某表示公司现在并不急缺拍品，只是在网上看到王某藏品的图片，觉得确实很有收藏价值，才会三番五次地给王某打电话。听到陈某肯定自己的藏品王某很开心，主动把带来的几件藏品给陈某看。经过鉴定，A公司看中了王某的一件灵璧石藏品，公司的鉴定专家给出的估价是20万元人民币。这个估价远远高于王某的预期，比市场价格也高出不少。对于王某的疑惑，陈某解释说，2011年是兔年，只要与兔子沾上边的东西好像都能卖个好价钱。A公司看中的灵璧石的形状很像一只兔子，公司还给这件藏品起了个名字叫"玉兔"。

按照这个估价，王某还需要缴纳1.5万元的服务费，这笔服务费与藏品是否拍卖出去无关。不过公司方面承诺，王某的藏品将于2011年1月9日和10日在上海的大型拍卖会上拍卖，拍卖出去的机会很大。王某觉得服务费有点高，问陈某有没有什么优惠，陈某为王某争取到了一个优惠名额。最终，王某缴纳9000元的服务费，和该公司签订了合同。

不久之后，王某的另外一件藏品"云山"又被B公司相中。B公司的业务员吴某表示自己的公司是"一对一"服务，即一件藏品专门卖给一个客户，针对性更强，成功率更高。公司的专家对"云山"的估价是 23 万元，这也是一个明显高于市场价的估价。

B 公司和之前的 A 公司一样，需要王某缴纳保证金，这次的保证金金额是 1 万元，藏品还没有卖出去，又要交高额的保证金，王某的心中难免不安。王某问吴某可不可以在交易成功后再扣除相关费用，结果吴某主动为王某垫付 2000 元钱，王某只要支付 8000 元即可。在这种情况下，王某再也不好推辞，与 B 公司也签订了拍卖合同。就这样，B 公司也轻易引诱王某踏入了他们事先埋好的陷阱。

虚假拍卖曝光

由于忙于其他事情，王某并不知道上海的拍卖会出了事情。直到 2011 年 1 月 22 日，王某看到某电视台的节目"真假拍卖"，节目曝光某文化交流有限公司以流拍手段骗取藏友服务费一事。藏友们认为拍卖公司在征集藏品，专家鉴定与评估、收取费用等过程中存在欺诈行为，而公司所组织的拍卖活动，更是被藏友们指责为诈骗。节目报道称，当天的拍卖会，没有见到藏品，没有买家，没有藏品成交，完全像是走过场。拍卖会被到场的卖家逼停，警方也介入调查。调查结果令人震惊，该公司并没有拍卖资质，却实实在在地收了全国各地一百多位藏友总计上千万元服务费。

王某开始意识到自己上当受骗了，之前的两家公司可能都是为了骗取服务费。王某先是给自称"一对一"服务的 B 公司打电话，询问藏品的销售情况。B 公司之前与王某接触的业务员吴某说，藏品暂时还没有卖出去，但请王某放心，灵璧石的市场形势很好，这块玉石应该很好卖。

王某悄悄到公司看自己的藏品，发现藏品还是摆放在原来的位置。越想越不对劲的王某，要求撤货，退手续费，却遭到了 B 公司的拒绝。B 公司称，如果单方面违约，王某需要缴纳藏品价值 10% 的违约金。

王某认为 B 公司的业务员吴某之前的垫付行为，是"以 2000 元钱套 8000 元"，虽然这是个人行为，但合同上面盖有公司的公章，公司应该承担相应的责任，必

须退回 8000 元保证金。公司一位姓余的总监态度很强硬，他强调员工垫钱一事，属于员工的个人行为，不是什么"以 2000 元套 8000 元"，公司会对该员工做出相应的惩罚。如果王某坚持要拿走藏品，必须支付违约金。

王某并不认可这种说法，她认为协议上盖有公司的印章就应该算是公司的行为。王某态度很坚决，她表示如果公司不同意撤货、退手续费，就报警让警方来处理。余总监最后不得不请来了公司的 "一把手"。公司"一把手"出面，没有故意刁难，在询问了一些事情的经过后，让工作人员给王某办理了退钱和撤货手续。而在 A 公司交的 9000 元的服务费，王某却至今没能讨要回来。

现在很多收藏品拍卖公司都存在收取前期费用的情况，这些费用以"保证金"、"鉴定费"等不同的名目出现。此类公司拿到收藏者的钱后，并未提供相应的拍卖服务，而是以种种理由逃避归还收藏者所支付的费用。收藏者所交的"前期费用"很难要回，收藏者拍卖未果讨要"前期费用"引发的纠纷经常发生。

据相关人士透露，一些拍卖公司收取前期费用，已成形成了特定的行骗模式。

首先，这些所谓的拍卖公司以五毛钱一条的价格从收藏品公司购买收藏者的电话，收藏者的电话是被多家拍卖公司"共享"的。

接着，大量电话销售人员每天不停打电话招揽"业务"，还设计了专门的"话术"来针对不同的收藏者进行"忽悠"。"我们就是要将客户邀约过来，收他们的钱"，对于此举的目的，"拍卖公司"负责人毫不掩饰。

最后还有成套的经验总结，"邀约成功的一大关键，是先不要提钱"，"约见客户要打感情牌，不能切入主题太快"，"能当天签一定当天签，除非是有把握的大客户，才可以留给对方回家筹钱的时间"。精心准备的骗局，让收藏者难以分辨，防不胜防。

中国拍卖协会的《中国文物艺术品拍卖企业自律公约》明确规定，不于拍卖前向委托人收取任何费用。不过，由于《拍卖法》对拍卖"前期费用"并没有相关的约束条款，这使得收藏者维权举步维艰。

　　此外收取"前期费用"的拍卖公司，大多以文化公司的名义出现。据业内相关人士介绍，这些所谓的艺术品公司、文化公司，并不是国家正式认可的拍卖公司，没有拍卖经营批准证书、文物拍卖许可证等资质。相关人士表示，《拍卖法》应该修改完善，不能只规范拍卖企业，更应该去规范拍卖行为。

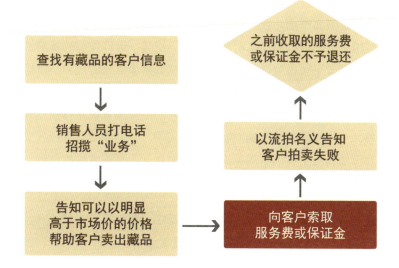

注：图中红色标注部分是该类陷阱的关键环节

现在的收藏品市场缺乏规范的管理，比较混乱，收藏品拍卖的虚假骗局也是五花八门，让藏友深受其害，却维权困难。

该案例是一个典型的"收藏品帮你卖"的拍卖骗局。这类骗局的一个简单套路是，首先电话寻访收藏者，然后假称帮你卖藏品，前期收取服务费、保证金等费用，最后以流拍的名义骗取前期费用。骗局中对于藏品的估价明显高于市场价格，这是骗方引诱藏友踏入陷阱的关键一步。

不仅是在收藏品市场，在其他方面也有很多类似的骗局，比如谎称帮你卖债务、股权等骗局也是以高利益来诱惑人们上当受骗。这种类型的骗局的共同点就是，找一个受骗者平时很难确定价值的物品或者其他形式的权利，以极高利益诱惑受骗者，利用人的贪心来设置陷阱。在运作过程中，他们不会告诉受骗者事情的运作流程，只是告诉受骗者美好的结果。他们把受骗者认为特别复杂的事情说的超级简单，一旦受骗者踏入他们准备好的骗局，他们便会以各种名义收取前期费用。因为骗局利用了市场不规范的漏洞，事发之后受骗者维权困难。如果骗方最后退还前期收取的费用，那么在法律上骗方也不会承担任何责任。

在精心准备的骗局面前，为了防止上当受骗，首先不要轻易被利益诱惑。其次，对自己不熟悉的领域，一定要找专业人士做评估。最后，要调查公司的信息，确认事情的真实性。如果是收藏品拍卖，要先查公司是不是有拍卖资质。如果是股权转让，要了解公司之前是否有股权转让成功的案例。

◼ 防骗关键点提示

找一个一般人平时很难确定价值的物品或者其他形式的权利，以明显高于市场价的价格来诱惑人，很有可能是利用人的贪心设置的陷阱。

第28天 28th day

重大项目居间骗局

近年来，中国经济迅猛发展，无论是地方政府还是企业都在积极地招商引资。在这个过程中，企业之间必定少不了项目的合作，如果有企业积极主动地邀请你合作一个好项目，一般的企业当然不会拒绝，尤其是跨国项目合作更是会吸引不少企业。

2004年2月，北京市公安局正式将"联工发合同诈骗案"立案，并在当天将企业负责人张某抓捕归案。"联工发"这个名字，很多企业并不陌生，它从成立就打着联合国某组织的旗号。"联工发"的负责人张某利用对联合国某组织工作的了解，谋划出一系列诈骗案。本文就以"联工发"利用重大项目合作骗取包装费为例，分析重大项目居间这一类骗局。

横空出世的"商场新贵"

2000年8月，"联工发"国际投资有限公司在北京成立，该公司号称有联合国背景，打着联合国某组织的旗号，说是可以为企业招来项目，给地方拉来投资。

从2000年到2003年，"联工发"已经把业务发展到了内蒙古、新疆、辽宁、山东、山西、陕西、江西、四川、广东、福建等全国十多个省市，而"联工发"集团下属的公司多达十几家。

"联工发"的企业画册上有这样一段话："联工发"成立短短三年的时间，为许多国内企业解决了发展资金问题，为近 10 个地方政府成功招商引资。"联工发"被誉为"政府的好朋友，金融界的好伙伴，企业的及时雨"。"联工发"的负责人张某活跃于大江南北，被各地地方政府和企业奉为座上宾。在业内很多人看来，张某俨然是中国招商界的一个风云人物。

2003 年 8 月，北京市某房地产公司负责人吕经理通过朋友认识了张某。吕经理到"联工发"，一进门看到联合国国旗，就被"联工发"的气势镇住了。贵宾室里有名人的题词，很多领导的合照，联合国的授权委托书和证书，吕经理感觉"联工发"的贵宾室就像人民大会堂国家领导人接见的会议室，特别气派。

对于刚做了一年多房地产生意的吕经理来说，能够结识张某这样有国际背景的大老板，自然是一件很兴奋的事情。然而他怎么也没有想到，从认识张某的那天起，一个精心设计的陷阱已经开始准备，他的一只脚已经踏入了这个陷阱。

2003 年 9 月，张某主动联系吕经理，说有一个好项目要和他合作。北京市有一栋大厦正打算以 9 亿元的价格对外转让，而正好阿拉伯某协会委托张某在北京买一栋楼，委托金是 20 亿元，13 亿元买一栋楼，7 亿元装修。张某表示整个项目的前前后后他都安排好了，这钱来的相当容易。

9 亿元买进大厦，20 亿元卖给阿拉伯某协会，除掉 7 亿元的包装费，轻而易举赚取 4 亿元的差价。这么好的买卖，为什么张某不自己一个人做，而要找吕经理一起做呢？吕经理也有些怀疑这个项目的真实性，张某向吕经理解释说他们是联合国政府机构，不能直接买，买了赚不到利润。为了进一步打消吕经理的疑虑，张某还向他出示了一份阿拉伯某协会和"联工发"签署的 20 亿元的委托协议书。巨额利润的诱惑，使吕经理放下疑虑，答应和张某一起来操作这起空手套白狼的买卖。双方商定，赚取的差价双方按照四六分成。

高额"包装费"背后的玄机

就在吕经理为这个得来并不费功夫的项目开心的时候，新的问题出现了，张某告诉吕经理，大厦的中式设计要改为阿拉伯式的设计，这个过程要花费设计、绘图等费用。张某表示，吕经理需要提供 300 万元的资金，作为大厦的包装费用。

想到可能到手的利润，吕经理觉得 300 万元不算大数目，爽快的和"联工发"签下了合作协议书。根据协议规定，这次收购大厦项目的操作期限是 3 个月。协议签订后，吕经理很快将 300 万元的包装费打到了"联工发"的公司账户上。然而从那以后，张某再也没有和吕经理联系收购大厦的事情。

3 个月的期限很快就到了，吕经理觉得事情好像有些不对劲。协议签订 3 个月之后，吕经理提出终止协议，要求退回 300 万元的包装费。但张某以房地产公司未能按保密协议规定出具资金证明导致收购失败为由，拒不返还包装费。

此时的吕经理感觉自己可能上当受骗了，吕经理开始从周边调查"联工发"的背景，并向相关机关报案。2004 年 1 月，北京市相关部门接到报案，开始展开调查。

调查的结果让吕经理十分震惊，所谓阿拉伯某协会委托"联工发"购买大厦的事纯属子虚乌有。如果整个项目都是一个骗局，那么张某给吕经理看的那份和阿拉伯某协会签的委托协议书又是怎么回事呢？

公安局办案人员说："张某出具了一家银行的假资信证明，某协会认定他确实有资金才跟他签协议。后来发现张某在该银行并没有存款，于是终止了这个协议。"

事实上，早在张某认识吕经理的一年以前，阿拉伯某协会已经终止了和"联工发"的合作，并要求收回协议书，但是"联工发"一直没有交出那份委托协议书，张某就是拿着这份作废的协议书欺骗了吕经理。对于张某来说，他的目的就是骗取 300 万元的包装费，而这份协议只是他骗取吕经理信任的一个重要工具。经查实，张某收到 300 万元以后，并没把这钱用在购买大厦的业务上，而是全都用来交房款、开工资、还借款。

2004 年 2 月 3 日，北京市公安局正式将"联工发"合同诈骗案立案，并在当天将张某抓捕归案。惯于玩空手道的张某，利用受害者认排场、贪便宜的心理，轻易就能得逞。这类连环陷阱，之前张某已经成功过很多次了，同样的手段，张

某在其他受害者身上屡屡得手。

据调查，从 2001 年到 2003 年，"联工发"一共签署了至少 20 多份类似的合作协议，涉及项目至少 30 个，金额达到近千万元。在吕经理之前，没有一家企业向相关部门报案。

事后相关调查人员致电"联工发"设在北京的总部，其总机一直无人接听，而"联工发"副总裁杨某的办公电话则始终是忙音状态，"联工发"的官方网站也无法登陆。某知情人士透露，"联工发"北京总部在张某"出事"后已经人去楼空，张某一手导演的"联工发"骗局就这样落幕了。

原来 1997 年，犯罪嫌疑人张某曾经在联合国某发展组织的一个工作站工作。2000 年 11 月，工作站的项目运作结束后，联合国某发展组织就与张某解除了关系。而张某正是利用了对联合国某发展组织工作的了解，才谋划出这一系列的诈骗案。

在创办"联工发"以后，张某不惜重金包装，他承租了租金比较昂贵的大厦整整一层写字楼，招收的公司员工大多都是本科和研究生学历，给人的感觉就是公司实力相当雄厚。另外，通过电脑做假，制作一些张某与领导人的合照，再制作一些联合国某组织的证书让人更加容易相信。

张某一般通过与当地政府项目单位取得联系，利用地方领导招商引资急迫的心理，迅速取得当地领导的信任。如此一来，企业基本不会对"联工发"有任何怀疑。

"联工发"借口为每一个企业融资时，都会签订一个"不绕过不泄密协议"，而这个协议规定，签约者不能透露任何信息给任何第三方，否则就被视作违约。所以受骗企业一般"打掉牙吞到肚子"里，不会向相关部门报案。

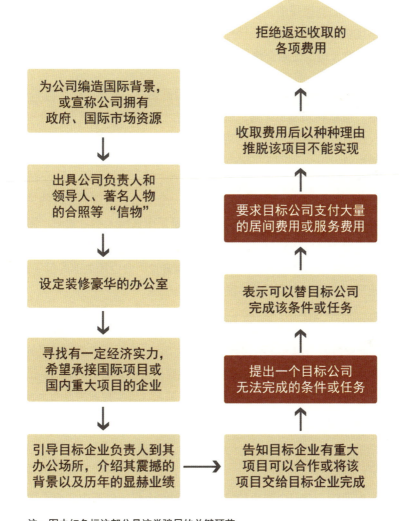

注：图中红色标注部分是该类骗局的关键环节

在重大项目居间骗局中，骗方一般会为公司编造国际背景或宣称公司拥有政府、国际市场资源。公司的办公地点多在繁华地带，内部装修豪华但品位不高。公司还宣称拥有大量的战略合作伙伴，每个合作伙伴都实力非凡。

这种骗局多是以编造一个子虚乌有的项目开始的，编造的项目利润一定很高，诱惑力很强。巨额利润唾手可得，一般人很容易怀疑项目的真假。为了打消受骗者的疑虑，骗方会提供很多资料证明项目的真实性。当受骗者不再怀疑就踏入了骗方设计的陷阱。

在这个编造的项目中，骗方通常会设置一个受骗者不可能完成的关键环节，这个关键环节可能是业务上的事情，也可能是某个关键人物。此时，骗方就会利用这个关键环节向受骗者索取劳务费、包装费、公关费等相关费用。最终，这个项目必定会以各种理由不能继续做下去，而骗方也不会返还之前的包装费等费用。受骗者抵挡不住项目利润的诱惑，很容易上当受骗。

此类骗局识别起来比较简单，在国家或政府的相关网站上，可以查询该类企业或实际控制人的背景；对于其所谓拥有的国际项目，在国家政府相关机构或者该国际项目的官方网站查询，通过条件建设、网站建设等辨别项目的真伪；通过网站预留的联系方式同该项目所谓的拥有方和控股方联系，证实控股方是否为真，确认对方是否有意向实施该项目，骗方的企业是不是拥有方和控股方找寻的居间公司。

◥ 防骗关键点提示

任何人告诉你，有一个到手的好项目要和你合作，然而中间一个关键环节有障碍跨不过去，你一定要十分警惕，不要轻易相信。

第29天 29th day

消费储值卡的风险陷阱

"2012 年 12 月 21 日的黑夜降临以后，12 月 22 日的黎明永远不会到来"！这是一种末日理论，它来源于玛雅人的预测。因为玛雅文明的神秘色彩，这一末日理论更添了几分神秘。2012 年已经过去，如今这一预言只是为电影和文学作品的创作提供了素材。

不过有人却借用玛雅人的预言，对 2012 的美容院行业进行了预测。2012 年是不是美容行业的末日，我们不做评论。进入 2012 年以来，美容行业隐藏的问题集中爆发。大批中小美容院倒闭，消费者预存在会员卡中的余额无法兑现。当初为了融资发售大金额预收费会员卡的恶果开始显现，诸多美容院陷入困境，甚至有全国连锁的美容机构因资金链断裂而关门。

普华商学院的 400 防骗热线曾接到过一名消费者打来的电话，他表示自己在一家全国养生连锁公司办理了会员卡，这家连锁公司因为资金断裂而倒闭，现在他的会员卡已经无法使用，而会员卡里存入的钱也无法取回。他想把自己的被骗经历告诉大家，希望大家以此为戒。本文便以该类案例为例，为消费者揭开消费卡储值骗局的谜团。

发展迅猛的健康产业链

"SC 爱康"是一家以中医药为基础、中华文化为内涵的亚健康养生保健企业，

213

它的前身是 1994 年成立的一家以投资金融产品为主的综合投资型管理公司。

"SC 爱康"是由王某和柴某夫妻两人联手创立的，公司的创始人之一柴某于 2002 年创立民族品牌 "SC 雅香莱"系列产品，得到了社会广泛的欢迎与认同，先后获得"中国著名品牌"、"中国市场信誉品牌"等荣誉称号，之后柴某又成立了以这个品牌命名的健康养生连锁有限公司。

2003 年，"SC 爱康"开始与国内多所著名中医学院强强联手，成立科研开发基地，汇聚了大批高素质的研究开发人才。公司将中医药文化融入健康事业，同时还致力于高科技健康检测、中医药养生保健的研发和应用。此外，从 2004 年起公司每年为 4 所中医药大学的品学兼优的学生设立奖学金，支持中医学文化的发展。

2006 年 5 月，"SC 爱康"全资组织承办关于医德建设与和谐医患关系的论坛，相关人士特别授予了"SC 爱康" 《中国医师人文医学职业技能培训中心》的相关资质牌。

2009 年，"SC 爱康"旗下 的"SC 雅香莱"品牌与香港一家金融机构签订了上市融资战略协议，正式成为"中国亚健康产业香港上市培育基地"，公司又进入了一个新的历史发展阶段。

2009 年 12 月，"SC 爱康"旗下的国际健康水会正式成立了财富俱乐部并举行揭牌仪式，亚洲小姐冠军到场助兴，并成为俱乐部的代言人。根据俱乐部相关负责人介绍，财富俱乐部是一个集商务交流与养生保健于一体的高端交流平台。俱乐部的会员可以定期听取专业人士的财富讲座，俱乐部还为会员提供深度商务合作平台。而公司集团运营的健康平台，将为每一位会员确定养生与体能教练，可以使会员收获财富与健康的双重喜悦。

2010 年 12 月，公司并购了上海一家养生基地，为该公司在上海乃至华东地区的发展打下了坚实基础。

与此同时，公司的创始人王某和柴某夫妻积极参与社会活动，获得了一定的社会地位。"ZH 健康管理促进联盟"在北京正式启动，"SC 爱康"总裁王某担任该联盟副主席，获得"中国健康管理 10 年十大功勋人物"的称号。2010 年 4 月，公司董事长柴某被评为"2009 年中国女性年度成就人物"。不久之后，柴某又荣获"2010 年中国（健康养生）品牌女性奖"。

"SC 爱康"业务飞速发展，让公司的现代健康产业链逐步完善。多年来，公司以"狼文化"作为企业的文化追求，以服从、智慧、竞争、忠诚作为企业的发展管理理念，在深圳创立了 15 家会所，会员近三万人。成功打造了一支近千人的高素质人才队伍，运营的投资网络覆盖全国。公司拥有国际健康管理中心、国际健康水会、健康旗舰会所、传统养生研究院、健康养生有限公司、中医专家诊所、大型中药房、生态农庄等十余家大中型健康养生会所，遍布深圳市各区。董事柴某还透露，公司正在为上市积极做准备。

消费卡骗局谜团揭开

进入 2012 年，随着经济形势的变化，美容行业产品项目问题爆发，引发行业信任危机，大批中小美容院因无法维持而关门，消费者预收费会员卡中余额无法兑现，从而继续加重信任危机，形成恶性循环。多米诺骨牌效应使得众多产品公司、培训学校随之倒闭。

在中国美容行业整体遭遇危机的大形势下，"SC 爱康"多年来积累的问题终于爆发出来，这些问题一发不可收拾，最终因资金链断裂引发连锁反应。首先是王某经营的国际健康水会由于拖欠员工几个月的工资，导致员工进行罢工，因此不得不关门。

受这件事情影响的不仅是公司的员工，还有不少国际健康水会的会员。拖欠工资事件发生后不久，在该水会办理了会员卡的会员发现，他们的会员卡已经无法使用，而且卡里存入的钱也无法取回，一些会员只能置换一些公司的产品以弥补自己的损失。

随着事件的发展，又有王某和柴某利用消费卡诈骗的消息爆出。消息称，王某和柴某为了融资，发售大额的储值消费卡。他们向国际健康水会和健康养生连锁有限公司的会员表示，会员在消费卡里面投资的消费金额，可以转化成原始股

股权，同时还强调这些原始股在"SC 爱康"上市之后就可以变成公司的正式股东。根据相关法律我们可以了解到，这种消费资金是不可能转变为股权的，对于相关知识不了解的消费者很容易被蒙蔽，从而遭受经济损失。相关数据披露，"SC 爱康"售出的消费卡总余额预计有 3000 万元。

虽然消息的真实性还没有得到有关部门的证实，但这件事情的性质已经发生了变化，不再仅仅是拖欠工资和暂时关门那么简单。面对这一系列的变故，公司总裁王某终于不再持回避的态度。

王某在接受记者采访时解释说，最近几年公司的扩张太快了，再加上筹备上市花费很大，公司暂时出现了资金周转困难的情况，从而出现了拖欠工资等一系列连锁反应。

王某称他们夫妻打拼了 20 多年，"SC 爱康"也成立了将近 20 年，"国际健康水会"已经在全国有一定的影响力，他们一定会咬紧牙关渡过难关。王某希望通过媒体，向受关门事件牵连的员工和广大消费者深表歉意。

至于向消费者卖出的消费卡，王某称是合法的，是双方自愿的，"我们售出了不同档次的消费卡，这些卡跟商场出售的购物卡功能是一样的，消费者提前付款，我们给予一定的优惠。通过消费卡锁定一定的顾客群，以达到扩张市场份额的效果，目前全国各地都在用这种模式来营销。"王某称，消费卡内余额究竟有多少他目前并没有准确的数据，但肯定没有 3000 万元。王某解释，大部分卡都只有几千元，有的甚至只有数百元。

王某表示自己正积极筹集资金，并承诺"国际健康水会"半个月内一定重新开业，工资及其他款项一周内全部清偿，会员可以持卡到相应的会所继续消费。公司董事长柴某也表示，为了清偿员工的工资，让企业继续运营下去，他们正在尝试引入新的股东。

事情的发展没有像王某和柴某想象的那么顺利，国际健康水会停业之后，由柴某经营的健康养生连锁有限公司也受到牵连，为了挽回损失，许多会员围攻健康养生连锁有限公司的店面，甚至一度出现哄抢物品的情况，柴某不得不关闭所有店铺。分店的员工们也自发组织在一起，向附近劳动站寻求帮助，希望能讨要到被拖欠很久的工资。虽然王某和柴某一再表示，他们向消费者出售消费卡的行为是合法的，但是来自各界的质疑声越来越多。

一系列事件引发了人们的关注，公司旗下的会所门前聚集着员工、会员、供货商，他们通过蹲守、调查等多种形式追踪老板下落，公安、劳动及各会所所在的街道办维稳部门则是全员出动，安抚前来讨薪的员工、讨说法的会员。

事件持续发酵，"SC 爱康"旗下所有的企业纷纷关门，看似前途一片大好的公司在一夜之间堕入危机边缘。透过国际健康水会门店关闭的玻璃门看到里面空无一人，空空荡荡的会所和昔日的一派繁荣行成鲜明的对比。

根据相关部门的调查，这些年"SC 爱康"的业务迅速扩张的同时，王某和柴某也在积极谋求上市。为了解决在这过程中所出现的资金问题，两人利用消费卡储值来融资。最终，公司的创立人王某和柴某夫妻因涉嫌诈骗，相继被相关部门拘押，两人涉案金额竟然达 5 亿元人民币，牵涉债权人数百人。

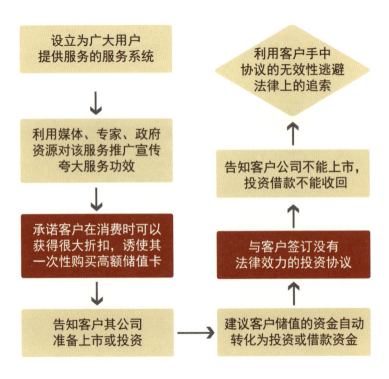

注：图中红色标注部分是该类陷阱的关键环节

　　本案例的特点是公司格调定得特别高。凡是国家级别的相关评选活动"SC 爱康"都要参与，凡是国家的相关协会都要参加。"SC 爱康"和它旗下的品牌获得过很多评选奖项，该公司曾被评为"现金示范企业"，"SC 爱康"品牌也被评为"中国著名品牌"，企业负责人也被评为"著名企业家，杰出青年"。

　　除此之外，公司还举办参加各种社会活动，扩大社会影响力，以获得良好的社会效益。"SC 爱康"用各种方法为自己镀金，最终目的是为了提高企业的社会地位，让消费者相信这是一家值得信赖的企业，从而吸收消费者成为它的会员。

　　与很多公司一样，"SC 爱康"在发展会员的过程中，也对消费者做出这样的承诺：购买我公司的产品或服务作为储值，储值可以转化成公司的原始股，公司上市以后成为正式股东还能享受股权回报。

　　其实这是一个特别典型的骗局，消费者在公司购买产品或服务叫做消费，而消费卡中的储值金额也就是消费资金。中国相关法律规定，消费资金是不可以转化成股权的。所以按照企业承诺的方式，消费者是不能成为公司股东的，不管公司能不能上市消费者都不能享受相关的回报或收益。

　　这种行为在法律上称为债转股，也就是债权转成股权。这种相关的业务，一定要中国证监会或国家发改委审批通过才可以操作。上市公司必须由中国证监会审批，非上市公司则由国家发改委审批，国务院备案。任何企业在实施债转股的过程中，如果没有相关机构的批复，都是违法犯罪行为。

　　除此之外，这些企业没有承诺用更多的钱把消费者办的消费卡赎回，而承诺将消费卡里的钱给转成股权，这种行为涉嫌非法集资。

　　消费储值卡可以让消费者在购买产品和服务的过程中享受到更多优惠。然而一些健身房、美容院，承诺客户在消费时可以获得很大折扣，诱使其一次性购买高额储值卡，最终骗取消费卡中的储值金额。

第30天 30th day

虚构利好消息的投资陷阱

2007 年是中国股市疯狂的一年，在疯牛市的大背景下，位于杭州的一家上市公司"HX 钢构"，因为一纸金额高达 344 亿元的神秘跨国合同，演绎了中国股市独一无二的经典大片。

这年夏天，"HX 钢构"成功搅动了股市风云，它的股票走势吸引着股民的眼球，牵动着股民的心跳。神秘大单难辨真假，却影响着其股票走势。十几个涨停，让股民盲目跟风，普华商学院的几位同事也有跃跃欲试的冲动，询问这种情况应不应该跟进。

在我们看来，股票非一般走势连续涨停，可能会涉及内部交易；企业的宣传消息难以确认，不能轻易相信。中小投资者很难掌握企业的真实情况，如果遇到股市有很大异动的情况，最好不要盲目跟风。

几位同事应该庆幸听取了我们的建议，因为在接下来的时间里，这只股票连续经历了停牌、跌停等一系列变故，"HX 钢构"也被证监会立案调查。

"HX 钢构"股票的"非常"走势

"HX 钢构"是中国一家钢结构上市公司，在公司刚成立的几年里，这家规模不大的上市公司名不见经传。直到 2007 年，它才因一笔饱受"造假"质疑的 344

亿元的跨国订单而声名鹊起。

2006 年 11 月，"HX 钢构"与在香港注册的"ZJ 公司"开始接洽安哥拉安居家园项目。2007 年 1 月至 2 月初，"HX 钢构"与"ZJ 公司"就安哥拉 ×× 家园工程多次谈判。2 月 13 日双方签署合同草案，"HX 钢构"将以 344.01 亿元的总价款，承建非洲安哥拉的 ×× 家园工程。

2007 年 2 月 12 日下午，在"HX 钢构"2006 年年度总结表彰大会上，公司董事长单某有过这样的讲话："2007 年对'HX 钢构'来说是一个新的起点，如果国外的大项目正式启动，2008 年股份公司业务收入争取达到 120 亿元，集团目标为 150 亿元。"由于当时参与表彰大会的员工包括了高、中、基层各级员工，"HX 钢构"获得的超级大单已经变成了一个公开的秘密。

在若隐若现的跨国大单的刺激下，"HX 钢构"的股票开始了"非常"走势。它的股票于 2 月 12 日开始第一个涨停，在 13 个交易日内飙升了 233%。

2 月 13 日，上海证券交易所因为"HX 钢构"股价的连续两个涨停，询问"HX 钢构"有无经营异常情况，"HX 钢构"称没有。上海证券交易所要求公司做进一步的了解，并提醒"HX 钢构"如果有经营异常的情况要及时公告。"HX 钢构"一直到 2 月 15 日才发布第一个有关 ×× 家园项目的公告，随后公司发布的公告不下 5 个。2 月 15 日，"HX 钢构"第一次复牌后又是连续 3 个涨停。3 月 13 日，344 亿元巨额合同披露，其股价又是连续 4 个涨停。3 月 24 日，"HX 钢构"的公司网站上贴出简短的通知和数张 ×× 家园现场图片，表示"HX 钢构"已经开始为海外大单做准备工作。3 月 27 日，"HX 钢构"召开了第一次媒体说明会，董事长、总裁、总经理、总工程师等核心人物悉数到会。

如此巨额的跨国合同，它的真实性受到了业内的质疑。"HX 钢构"在公告如此利好消息的时候，公司管理层却避而不提是否曾对工程项目进行过考察，这也是被质疑的主要原因之一。而"HX 钢构"的通知和说明会无法解答市场质疑，被认为缺乏实质性内容。虽然质疑声不断，但"HX 钢构"股票依然疯狂飙升，相伴而来的是外界铺天盖地的质疑，质疑内容也升级到涉嫌二级市场操纵及信息提前披露。历次公告则被业界人士称为"挤牙膏，不断刺激市场神经"。面对日益升级的质疑，3 月 28 日，"HX 钢构"发布声明称公司高管未参与二级市场炒作。

"HX 钢构"一时间成为新闻媒体、股民、监管机构以及其他公众关注的对象，包括董事长单某在内的诸多"HX 钢构"高层也因此成了焦点人物。

证监会正式立案调查

2007 年 4 月 4 日，"HX 钢构"在刚刚开始交易一分钟后突然被停牌，公司 4 月 5 日的公告显示，公司被证监会正式立案调查。证监会相关部门的工作人员表示，对"HX 钢构"的调查主要有两点：一是信息披露是否及时，是否准确真实；二是有没有人利用内幕信息买卖股票，操纵股价。

4 月 6 日，"HX 钢构"开盘后跌停，收盘价为 11.17 元，跌幅为 9.99%，换手率 1.32%，股票疯狂飙升的形势就此被腰斩。同一天，"HX 钢构"高管层约见媒体记者，坚称公司关于 344 亿元安哥拉××家园项目的信息披露是"及时完整"的。"HX 钢构"高层管理人员表示，监管部门对公司股票交易情况进行调查，不会影响公司生产经营秩序。

据知情人士透露，"HX 钢构"股价启动之前，已经有神秘资金先知先觉地大举建仓，更蹊跷的是，这些"大户"竟然在 3 月 16 日"HX 钢构"停牌前集体清仓，这些情况不得不令人怀疑。一位私募基金经理说，从"HX 钢构"股价走势判断，显然有人事先获得了利好消息。至于哪些人从何种渠道获得信息，还得等待证监会的调查。

5 月 14 日，证监会对"HX 钢构"做出行政处罚。根据证监会行政处罚决定书，"HX 钢构"在信息披露中存在两类违法违规行为，一是未按照规定披露信息，二是披露的信息有误导性陈述。证监会对"HX 钢构"给予警告，处以 40 万元罚款，对企业董事长、总裁分别给予警告，处以 20 万元罚款，对董事会秘书、总经理、证券事务代表等企业高管分别给予警告，处以 10 万元罚款。

"HX 钢构"股价波动，对于中小投资者来说，无疑是一个恐怖的灾难，很多股民损失惨重。虽然证监会对"HX 钢构"做出了行政处罚决定，但市场普遍认为处罚过轻。相关律师建议受损股民通过法律手段维权，尽可能地挽回经济损失。

内幕交易真相浮出水面

证监会对"HX 钢构"立案调查的同时，按有关规定将案件移送公安部，随着调查的深入，"HX 钢构"案情真相逐步浮出水面。2007 年 5 月 1 日，浙江省公安机关对"HX 钢构"事件立案侦查，随后罗某、王某、陈某相继被立案侦查。6 月 11 日，浙江省公安机关正式对涉嫌泄露内幕信息罪的犯罪嫌疑人罗某、涉嫌内幕交易罪的犯罪嫌疑人王某、陈某执行逮捕。历时 4 个多月的"HX 钢构事件"，随着当事人被批捕，似乎画上了一个句号，但事情并没有这么简单。

一位证券界分析人士表示，在罗某、王某、陈某等人被立案侦查后，"HX 钢构"的二级市场表现依然令人瞩目。2007 年 5 月 14 日到 5 月 25 日之间，除了 16 日和 25 日两天涨幅分别为 8.86% 和 4.01% 外，其余的 7 个交易日皆为涨停收盘。遭遇大盘暴跌后，"HX 钢构"在 6 月 5 日开始企稳，6 月 6 日开始又连拉 4 个涨停板，并在 6 月 12 日创下 31.58 元的新高。

下一个是谁？究竟谁才是这出戏幕后的导演？谁操纵了"HX 钢构"？344 亿元天价订单谜局真相如何？在扑朔迷离的"HX 钢构"事件中，谁才是真正的主角。在"HX 钢构"股票被停牌、复牌又停牌的过程中，单某及"HX 钢构"的诸多高管颇受煎熬。"我从来都不炒股，怎么会去操纵股价？"在不同的场合单某都有过这样的表述。在接受记者采访时，单某曾经自嘲道"一不小心成了名人"。

"HX 钢构"案的背后是否还另有隐情，证券监管部门和司法部门一直在调查之中，调查的结果并没有更多的涉案人员。2007 年 7 月，公安机关对王某、陈某、罗某涉嫌"HX 钢构"股票内幕交易的犯罪事实侦查终结，移送检察院。

2007 年 12 月 21 日，"HX 钢构"案在浙江丽水市开庭审理，这是在浙江审理的首起涉嫌泄露内幕信息和内幕交易的案件，受到了各界的普遍关注。审判庭座无虚席，旁听人员超过百人，庭审从上午 9 点开始，一直进行到下午 5 点。

"HX 钢构"股价第一次异动之前发生的细节，成为庭审中争论的重点。2007 年 2 月 12 日的表彰大会，让"HX 钢构"获得的超级大单变成了公开的秘密。辩护律师称，如果单某在配合证监会调查的过程中曾经提及这一层，对"HX 钢构"股票采取紧急停牌，事情可能不会恶性发展。

经过司法机关的调查，当时情况是：2月12日下午，陈某和罗某通电话时，陈某从罗某口中，证实了"××家园项目"。2月12日晚上陈某将信息告诉王某，让他买入"HX钢构"股票。次日上午，王某买入"HX钢构"股票2,398,600股。陈某还利用罗某委托其管理的股票账户买入42,800股。2月13日下午，罗某将合同已草签的情况泄露给陈某。陈某让王某于2月14日将账户里的所有资金，以涨停价买入1,787,300股。上海证券交易所资料显示，2月12日到14日"HX钢构"连续涨停的3个交易日里，陈某和王某操作买入4700多万元，在"HX钢构"3天总成交金额6843万元中占了近7成。3月15日，罗某再次泄露证券监管机构要调查的信息。3月16日，王某将6,961,896股全部卖出，获利4037万元。4月10日，陈某将账户里的股票全部卖出，获利36万余元。

2008年2月4日，通过对事实的调查，丽水市中级人民法院最终判决如下：

罗某犯泄露内幕信息罪，被判处有期徒刑一年六个月；陈某、王某犯内幕交易罪，分别被判处有期徒刑两年六个月和有期徒刑一年六个月，缓刑两年执行，并各处罚金人民币4037万元。陈某、王某二人违法所得予以追缴，由丽水市人民检察院上缴国库。

一审判决后，陈某认为自己没有利用内幕信息进行交易，提出上诉。2008年3月26日，丽水市中级法院对罗某、陈某、王某泄露内幕信息、内幕交易案二审宣判，驳回陈某的上诉，维持一审判决。

巨额跨国项目终止

随着此案的二审宣判，"HX钢构"事件似乎落下了帷幕。但是在案件审理过程中，陈某表示他反复求证××家园项目真实性的原因是，他对该项目的数额感到难以置信。陈某说在一次饭局上，他和绍兴酒有限公司一位负责人谈起过"ZJ公司"的××家园项目。这位负责人说"ZJ公司"曾经与"JG钢构"接触过，但后来"JG钢构"认为安哥拉××家园工程大单的背后可能隐含挖矿目的，所以拒绝了合作。

也有知情人士透露，青岛一家知名企业在2007年4月也曾卷入安哥拉××

工程大单事件，据相关媒体报道，青岛这家公司曾对此解释说，"ZJ公司"想利用该工程"捣腾"安哥拉盛产的石油和钻石，然后进行石油和钻石的买卖。

其实在"HX钢构"的股价出现13个涨停的时候，关注 "ZJ公司"的人就开始多了起来，人们纷纷猜测它会不会就是这次事件的幕后黑手。

这家注册于香港的公司，实际控制人是香港人徐某，徐某在安哥拉经商多年，与当地军政各界关系密切，因此获得了安哥拉交通、市政、电力、能源等一大批项目。从安哥拉当地媒体的报道中可以确定，"ZJ公司"确实与安哥拉政府签订了安居工程合同。但是"ZJ公司"在业内口碑欠佳，曾多次侵吞承包方预付款，拖欠支付合同款。"HX钢构"也表示对"ZJ公司"拖欠款项有所耳闻，因此在合同中做了大量的自我保护条款。

疑点重重的"ZJ公司"在"HX钢构"事件发生不久就发表声明，表示该公司是安哥拉政府项目的总协调人，与"HX钢构"所签合同正是为该项目提供物资和劳务。"ZJ公司"同时声明公司及其所有关联企业从未购买"HX钢构"的股票，坚决支持和配合中国证监会对"HX钢构"事件进行调查。

虽然调查结果没和"ZJ公司"扯上关系，但安哥拉项目最终还是出现了问题。7月30日到8月3日的交易周，"HX钢构"突然停牌。8月4日，"HX钢构"发布公告，称安哥拉项目遇到了麻烦，原定7月初前往安哥拉的外派人员也未能按计划出发。最终这个价值344亿元的安哥拉××住宅项目宣告中止，至于终止原因至今仍然是一个谜。而"ZJ公司"也慢慢地淡出了人们的视线，有些不知所踪的意味。

至此，这部中国证券市场上让人回味无穷的悬念大片终于落幕，很多股民损失惨重，至于巨额项目背后的谜底和"ZJ公司"的迷雾可能再也不会被揭开。

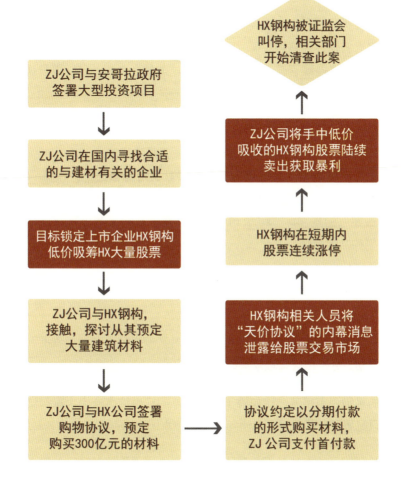

注：图中红色标注部分是该类骗局的关键环节

"HX 钢构"事件是一个虚构利好消息的典型案例，案例比较复杂。首先，在披露信息方面"HX 钢构"存在两种违法违规行为，一是未按照规定披露信息，二是披露的信息有误导性陈述。而"天价订单"的提前泄露，让有心人利用内幕信息进行交易。最终导致了"HX 钢构"股价的"非常"走势，伴随着最终项目的停止，众多股民在此次事件中损失惨重。

不过"HX 钢构"事件的根源是安哥拉项目，"ZJ 公司"利用和安哥拉政府签订的合同，制造了一个巨大的预期和杠杆，其最终目的是低价吸收"HX 钢构"的股票。然后"ZJ 公司"会把巨大的预期和杠杆放到市面上，不管"HX 钢构"内部有没有人泄露，"天价订单"的消息最终都会泄露。巨大利好消息，必然会引起"HX 股票"的暴涨。"ZJ 公司"卖掉股票后获得暴利，其后以各种理由取消和"HX 钢构"的合同。

不明真相的大量股民以为"HX 钢构"真的获得了巨额的订单，在股市上盲目买进，他们当中的大多数人都是损失惨重。

这是有计划、有步骤的在证券市场放出对某一个公司有利或者不利的信息，造成市场波动，导致股民投资损失的骗局。

类似的案例还有很多，比如獐子岛案例，同样是放出一个大家都觉得特别好的消息，只是獐子岛是以遭到几十年一遇的冷水团，所有扇贝死亡为最终结果。

识别此类骗局的方法并不复杂，主要看企业放出的消息是不是符合规则和规律。

首先，在全国企业信用信息公示系统查询到，"ZJ 公司"是在中国香港注册的公司，注册名称可以随便写，不能仅从名字就判定其是央企。不要被那些看似很有实力的名称迷惑，而轻易地相信。

其次，案例中合同项目属于安哥拉，一个非洲很小的国家，一年的国民生产总值才 300 亿美元，不可能向中国一家公司订购这么大金额的钢材。类似的案例都会选择这种境外偏远的小国，在这种地方签署的协议，我们很难知道签署协议的内容。

再次，这种偏远的小国家，社会动荡，相关的法律不完备，即使签署了相关协议，在实际的执行过程中也特别难。这样的合同能否履约是不可控制的，一旦出意外，当事人的法律权益很难保障。

最后，一个企业一旦上市它就会有两个面，一是基本的实际生产面，一是在股市上股票的表现，这两个面都会对企业产生影响。由于企业实际生产面信息的发放会在股市上产生放大性的作用，所以一个上市公司不仅要管理实际的生产企业，还要管理其在股票市场的市值。市值管理很重要，如果企业不能给予足够的重视，上市公司被骗也是很可能的事情。

◪ 防骗关键点提示

在股市上发现企业抛出难以确认的消息，不了解情况的投资人盲目跟进是一种危险的情况。如果股市有很大异动，连续拉涨停板，一定有内部交易，此时股民一定要保持良好心态，不要盲目跟风。

第31天 31th day

新型旅游传销骗局

"世界这么大，我想去看看。"一次说走就走的旅行不知道触动了多少向往自由的心。很多中国人都有环游世界的向往，第一次在朋友圈看到"××梦幻之旅"的"一边环游世界，一边赚大钱"的项目，也不禁心动。所谓"玩商"概念的新模式，听起来是每个人梦寐以求的生活方式。

"××梦幻之旅"传播速度非常快，短短时间已经覆盖数十万人，对所谓梦幻之旅感兴趣的人非常之多。

"××梦幻之旅"以入会费、拉人头、层层分红等金字塔营销模式发展会员，具有典型的传销性质。"××梦幻之旅"很可能是利用人们对于环游世界的向往精心设计的骗局。

编织梦幻般的旅游模式

公开资料显示，2005年创立于美国德克萨斯州达拉斯市的"××梦幻之旅"，是一家大型电子商务旅游直销公司，也是美国5000家超速成长企业的领导者，世界100强直销公司排名第65名。

据称，该公司是由"拥有丰富直销经验"的韦恩·纽金特和迈克·阿斯库联合创立。成立之后，"××梦幻之旅" 于2008年进入欧洲市场，之后又发展到非洲和新加坡，2012 年先后扩展到香港和马来西亚，并由马来西亚市场创始人黄某带到中国大陆。

该公司号称只要支付 511 美元（3468 元人民币）的入会费就能成为"××梦幻之旅"的白金会员，其中的 100 美元（678 元人民币）是注册费，300 美元（2036 元人民币）会返还到会员的账户，下次旅游时可以抵用，100 美元（678 元人民币）是为自己预存的旅游基金，满一年后可以抵用，11 美元（75 元人民币）是当月的网络建设维护费。随后每月支付 60 美元（407 元人民币）的会员费，会员费可充当会员积分，参加"××梦幻之旅"的各种旅行套餐，走遍全球 193 个国家，玩遍全球 100 多个最著名的旅游胜地。

"××梦幻之旅"的套餐听起来十分具有诱惑力，例如带父母或者孩子去坐热气球、跟情侣一起去潜水、全家一起到海边度假、开越野车到沙漠驰骋……白金会员需要支付的五星级酒店的价格相当于二三星级酒店的价格，还能享受接机服务和酒店套房免费升级服务等。"××梦幻之旅"黄金会员的入会费大约 361 美元（2450 元人民币），每月支付大约 50 美元（340 元人民币）的会费，同样可以低价享受旅游俱乐部推出的各种套餐。

发展的新会员越多，赚到的钱就越多

看上去很划算的旅游套餐，再加上介绍人的煽动，会让很多人加入其中。"××梦幻之旅"的会员曾对媒体表示，如果只注册账户，没有充值缴费，并无损失。如果注册账户并给电子钱包充值，14 天内可以申请退出，但要扣除 300 元的手续费。如果连续两个月不缴月费，账户冻结，不能购买旅游套餐，也不会有任何收益。但是如果后来补缴了月费，账户会被重新激活。如果连续 6 个月不缴月费，账户被注销，无法激活。因为有"月费"这个紧箍咒，每发展 4 名新会员，推荐人可免月费，就迫使会员拼命去拉新会员。

至于如何赚钱，该会员表示他的推荐人曾告诉他："公司采用的是'对碰奖'模式。每个人都有左右两个销售区，A 区和 B 区， 每个人的第一层都是两个人，第二层是四个人，第三层是八个人，第四层是十六个人，依此类推。处于同一层的每个点位上的人的位置关系都是平等的。也就是说，只要是在 A 的组织之下，

都算是你左边的业绩，只要是在 B 的组织之下，都算是你右边的业绩。这样左边的业绩跟右边的业绩产生对碰就可以拿奖金。目前，我们公司成长最快的伙伴月收入 90 万元。"

至于如何入会，该会员对媒体表示，新会员只要提供身份证正面照片、双币信用卡的照片和手机号码、缴纳 511 美元（3468 元人民币）的会员费，公司就会代替其完成注册。至于为什么不让新会员亲自注册，该会员表示他的推荐人曾告诉他，会员发展的新会员必须由其代为注册，这样系统才能识别新会员是谁发展的。

一场终将破碎的梦

很多参加过 ×× 梦幻之旅的会员都表示，"×× 梦幻之旅"吸引民众的第一步是问大家：喜欢旅游吗？喜欢每年去一两个国家免费旅游吗？第二步是问：喜欢出去旅游的时候还可以赚钱吗？这样的提问诱惑性相当大，加上会员费也不多，介绍人的煽动，会让许多民众加入其中。

加入之后，就被"×× 梦幻之旅"设置的"陷阱"一步步地带上了不归路。

山东的徐女士表示，自己很想带孩子出国游玩，一次偶然的机会接触到了梦幻之旅，朋友告诉她，去马来西亚旅游，三天两晚只需要 299 美元（2029 元人民币），徐女士甚是心动，立刻加盟成了会员，但事情并非她想象的那样简单。

徐女士本来预定 7 月中旬出发，但她的推荐人告诉她，低价套餐团数量稀少，如果要立刻出发的话还需缴纳额外费用，也可以等到公司统一安排。徐女士不乐意额外缴费，于是就等公司的安排。一直拖到 10 月份，徐女士才得知自己被安排参团去上海。虽然上海之行的住宿、餐饮等还算上档次，但根本没有出去玩，只是在会议室里面听课学习，讲课的人介绍公司有多么成功，学习完后还要对着摄像头在网络语音室内进行分享。

"×× 梦幻之旅" 的快速蔓延已经引起了很多媒体和相关部门的重视。据媒体调查，"×× 梦幻之旅" 并没有固定的营业场所，没有营业设施，更没有符合规定的注册资本，所有的销售活动都是在线上进行。国家商务部某工作人员表示："这种旅游是毫无保障的，而且目前国内还没批准旅游直销企业。"2015年6月，江西省旅游质量监督管理所发布的特别警示称：最近全国旅游质监系统通过监控发现，名为"××梦幻之旅"的组织涉嫌传销，请广大旅游消费者切勿陷入传销陷阱。

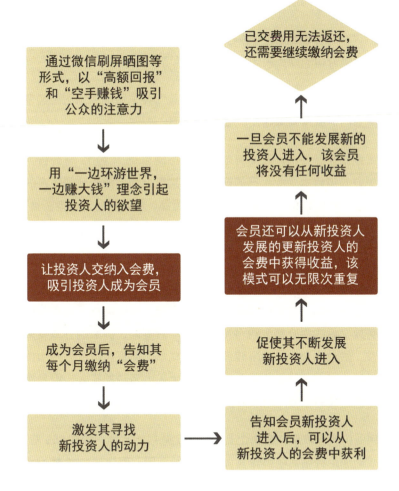

注：图中红色标注部分是该类骗局的关键环节

分析整个案例，我们很容易发现下面几个可疑点：

第一，号称世界一流企业的"××梦幻之旅"，在中国并没有分公司、办事处，更没有符合规定的注册资本。

第二，"××梦幻之旅"的网页全部为英文版，没有中文版，且该网页的网速极慢，一旦该公司的网页关闭，会员将投诉无门。

第三，经有关部门调查，"××梦幻之旅"并未取得中国旅游经营许可，也没有向任何部门申请直销牌照。

根据《直销管理条例》和商务部、工商总局 2005 年第 72 号公告，直销企业可以以直销方式销售本企业生产的产品以及其母公司、控股公司生产的产品，直销产品范围包括：化妆品、保健食品、保洁用品、保健器材、小型厨具等五大类，直销产品应符合国家认证、许可或强制性标准。也就是说旅游尚未进入直销的经营范围。

从"××梦幻之旅"的发展走势来看，实质上是承担旅游中介的职能，即便是国内知名旅游网站，主要的盈利方式为广告费、高端会员服务费与中介费，其中每笔业务成交后的中介费少得可怜，这一点只能通过庞大的订单量来弥补。为了既得利益，旅游中介一般追求较低的人力成本。而直销行业的附加值就在于直销商能够提供一对一的服务，因此才值得庞大人力资源的投入，但是旅游中介根本不需要提供这样的服务，附加值根本无法产生。

某直销业内人士表示，直销企业的奖金实际拨出比例一般在 25% 至 60% 之间，只有这样才能满足经销商获得较为可观收益的期望。而像"××梦幻之旅"这样的旅游中介，从旅游业务本身来讲不可能获得如此高的回报。那么高额奖金从何而来？只能像其他远离直销本源的企业一样，依靠后继人员的不断加入，用后面成员缴纳的钱补贴先行者。但是，一个企业要长期保持这样的人员增长模式最终是不可能的。如此看来，旅游直销并不是没人做，而是根本不能做。因此，"××梦幻之旅"的利益来源不在于旅游行业的收入，而在于新会员不断上缴的加盟费、月费，所谓的直销蓝海市场也只不过是一场会员自己掏腰包的钱生钱游戏，与早就被揭穿的各种传销骗局如出一辙。

从缴纳"入门费、月费、发展下线提取佣金、对碰奖模式"等几个方面来看，"××梦幻之旅"具有典型的传销特征。《禁止传销条例》指出，传销是指组织者或者经营者发展人员，通过对被发展人员以其直接或者间接发展的人员数量或者销售业绩为依据计算和给付报酬，或者要求被发展人员以缴纳一定费用为条件取得加入资格等方式牟取非法利益，扰乱经济秩序，影响社会稳定的行为。

◣ **防骗关键点提示**

超低价旅游是骗局，报团旅游要看资质、签合同。

第32天 32th day

虚构期权交易平台骗局

2006 年起，外汇经纪商纷纷进驻中国，欲在中国市场分得一杯羹。从传统的银行开户投资到后来的网上开户投资，从股票发展到外汇保证金模式交易。近年来，随着外汇行业的逐步趋稳，投资者逐渐把目光投向了投资门槛更低、更简便的金融投资领域，于是二元期权应运而生。

2008 年挂牌交易后，二元期权发展迅猛，不到两年时间就席卷了欧洲的各个交易所。二元期权供应商的出现更是为市场注入了强大的动力。2013 年，大量国外的二元期权供应商将目光投向了中国，由于更贴近普通投资者，二元期权成了众多人争先选择的理财工具之一。与此同时，二元期权投资的骗局也开始大量出现。

备受青睐的"二元期权"

在网上搜索"二元期权"的关键词，搜索到的大多是诸如"每小时获利高达75%"、"不到一小时，净赚 81%，各大市场任您交易"之类的广告语。一些网站还提供了二元期权交易的免费入门指南等。

二元期权不是传统意义上的期权，它不能赋予你权利买卖标的资产，取而代之的是你有权利获得固定的回报，回报率通常是在 65% ~ 81% 之间。二元期权，只有赚和赔两种结果，操作简单。

作为一种新兴的金融交易品种，二元期权投资门槛低、行情波动大、投资机会多，很受投资新手们的青睐，成为了时下热门的投资产品之一。

与此同时，二元期权投资的骗局同样盛行，家住河南的郭某就遇到了这样的骗局。郭某从 2013 年开始接触二元期权投资，她是在浏览网页的时候无意间看到关于二元期权的宣传信息，被"低投资高回报"的广告语和简单易行的交易模式所吸引。郭某已经关注股市有些年了，能读懂走势图，平时也很关注相关的新闻，她觉得自己在投资二元期权方面有一定的优势，所以她的投资数目比较大。不料，仅仅半个月的时间，郭某就亏掉了自己这些年来所有的积蓄，之后郭某四处拆解资金，希望可以把亏掉的资金赚回来。显然她已经在二元期权的投资中无法自拔。

像郭某一样迷失在二元期权投资中的人还有很多，河南的王先生是一名普通的退休工人，一次偶然的机会他从朋友那里知道了二元期权这种投资产品。朋友介绍的二元期权交易的逻辑很简单，在某特定时点，比如下午 13 点 25 分下注 100 美元，赌某只股票在 5 分钟内上涨还是下跌。猜错只能拿回 15 美元，损失掉 85 美元，猜对则可以赚到 70 美元。

这看起来像是赌博的交易模式，却吸引了王先生。他觉得简单得一眼看到底的交易模式很容易掌控，于是他开始拿自己的退休金进行投资。开始的时候王先生只是拿几百美元的小钱试水，投资有赢有亏，总的来说王先生还是可以赚到一些钱。王先生慢慢增加了投资的数目，还是有赢有亏，但是亏的时候却比较多。王先生越陷越深，当王先生向老伴儿要存折的时候，老伴儿偷偷把事情告诉了儿子。

王先生的儿子通过各种方法搜集关于二元期权的相关知识，他看到了媒体关于二元期权的一些报道。报道称，一些平台雇佣他人为其做虚假宣传，一面吹捧自己一面诋毁其他平台，以"低投资高回报"的字眼吸引和欺骗广大二元期权投资者，甚至有的平台都没有正规的官方网站，客户刚刚入金还未开始交易，平台就已经跑路，择日再换个"身份"继续欺骗投资者。

王先生的儿子及时阻止了王先生继续投钱，还向相关部门反映了情况。根据王先生投资的交易模式，投资者必须猜对 55% 以上才能实现盈亏相抵。除了极少数人能自始至终赌赢获得高收益，剩下的绝大多数人都是亏损的。自从接触二元期权交易以来，王先生已经输掉了至少 8000 美元的资金。

暗箱操作的交易平台

二元期权是一种场外交易，而场外交易的法律调整以及监管基本处于空白状态，这也让不少黑平台钻了金融盲区的空子，黑平台一旦出了问题，投资者最后可能什么都拿不到。场外交易，对于投资者而言，其实投的不仅是收益，更多的是平台信用度，但受"高收益、高回报"等宣传的诱惑，依旧有不少二元期权投资者铤而走险不顾平台的信用度盲目选择。

很多不正规的二元期权平台通过"快速、高额"投资回报把投资者吸引过来，并声称二元期权不需要投资者有专业的投资知识与技能，只需在群里跟单就可稳赚，然后在二元期权交易过程中利用不当手段来赚取利润。

一位曾有二元期权交易经历的投资者对媒体表示："不少二元期权在线交易平台，有太多人为操控的行为。在实际交易过程中，经常会遇到行情、交易速度迟滞，以及价格滑点偏差很大的现象。对于这些情况，交易提供者要么会百般推脱是投资者失误，要么对投诉不理不睬，而交易者经常是赚的少赔的多。"

一位行业人士曾对媒体表示："目前网上所谓的在线二元期权交易平台，多数都是与客户'对赌'。"他表示，这些交易基本上都是场外"一对一"交易，交易平台或者公司充当投资者的对手盘，通过"快速、高额"投资回报吸引投资者，利用吃差价甚至扭曲交易价格等手段来赚取利润。由于是场外交易，这些交易平台几乎不受监管约束，其交易机制、交易系统甚至账户资金安全都没有保障，一旦出问题，投资者最后什么都拿不到。

"这样野蛮的交易方式，几乎与赌博没有什么差别"。这是业内人士对二元期权简单直接的评价，也是对投资者善意的忠告。

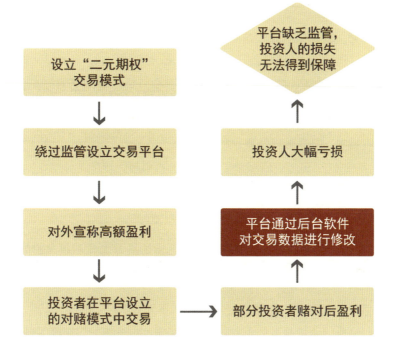

注：图中红色标注部分是该类骗局的关键环节

　　二元期权（Binary Options）又叫数字期权、固定收益期权，是操作最简单的金融交易品种之一。二元期权在到期时只有两种结果，即标的资产在规定时间（如未来半小时、1小时、1天、1周等）内收盘价格是低于还是高于执行价格，并以此决定投资者是否获得收益。

　　所谓二元，就是只有赚和赔两种结果。购买期权标的仅为涨或跌，与涨幅跌幅没关系，买涨的话，只要到期涨了就赚70%，否则赔85%，特点是短期操作。

　　虽然市面上充斥的很多二元期权交易平台对外宣称受到主流监管机构（如FCA、AMF、Bafin）的监管，但目前真正为二元期权经纪商提供监管的国家只有塞浦路斯、日本、马耳他以及澳大利亚。

　　绝大多数欧盟国家监管者目前只是把二元期权纳入金融产品范畴（包括新加入的FCA），而没有对二元期权经纪商进行直接监管，而二元期权交易在欧盟金融服务法的支持下得以在整个欧洲经济区（EEA）国家合法开展。美国方面，根据美国CFTC此前给出的通告，能够在美国地区合法展开二元期权交易的只有3家交易所：康托交易所、芝加哥商业交易所以及北美衍生品交易所。

　　换句话说，普通的二元期权经纪商根本不受CFTC或NFA的监管。在中国，对二元期权交易的监管基本处于盲区，也就是说，投资者的权益根本得不到保障。

　　所以投资者在选择二元期权交易平台的时候一定要小心谨慎，要对平台的资质凭证、平台情况等进行深入了解，以免中了黑平台的圈套，使自己蒙受财产损失。

　　一、看该平台是否有合法的监管和正规的资质凭证。只有取得合法的监管牌照，才是可靠的二元期权投资平台。

　　二、看平台的交易系统是否稳定。由于交易系统的稳定性关乎投资者的资产安全问题，所以如果在交易的过程中，发现自己进行交易的平台很不稳定，经常出现滑点、无法平仓、无法出金等情况时，投资者就应该警惕了，这些通常都是黑平台的表现。

三、看该平台是否有专业周到的客户服务。专业客户服务是正规二元期权平台所必须具备的，黑平台因为以骗取投资者财产为目的，所以当投资者发现有问题时往往会找不到他们的客服，又或者被敷衍了事。而正规的交易平台在工作日都会有专业客服热线，专门为客户解答开户、入金、出金、交易操作上的各种问题，及时为客户排忧解难，让客户在自己的交易平台上能有较佳的交易体验。

除此之外，二元期权的交易模式是买大买小买定离手，风险很高，看起来更像是赌博。

■ 防骗关键点提示

二元期权与任何其他传统金融品种有着同样的共性，即在获得收益的同时也存在着投资风险。投资者在盲目追逐高额回报的同时还需要理性地对待。

第33天 33th day

如何守好你的钱袋子

三十二天，几十个案例，想必我们的读者对各类金融骗局已经有了直观的认识。金融领域中各类陷阱、骗局的手段，我们已经全面展示给大家了。然而，展示和剖析案例只是过程，帮助所有人识别骗局、规避骗局才是我们想要的结果。金融骗局层出不穷，千百年来不断滋生、变异，究其深度原因，要用整本书才能说清楚，这里不做更多的探讨。我们在本书里关注的是防骗，是金融骗局的受害人群。所以，在最后一天，我们对前文中所有案例做个总结，带着大家做一些思考，也希望能真正教给大家一些防骗的知识。

首先是心态。回溯我们讲过的案例，从受骗者的身上，我们总结出设局者的几种手段：利用受骗者想投资获利的心态行骗；利用受骗者想快速融资的心态行骗；利用受骗者急切获取某项业务的心态行骗；利用受骗者追随高大上的心理行骗；利用受骗者恐惧、担忧的心理行骗。

俗话说得好，"苍蝇不叮无缝的蛋"，无论怎样的陷阱和骗局，无一例外都是利用了人们的心理弱点和失衡的心态，再高明的设局者对无欲无求的人也无从下手。打铁还需自身硬，防骗先要从自身做起。

再来看设局者的思路。绝大多数金融骗局是采用这样一种套路：首先利用各种途径找到受骗者，确认或者制造受骗者的需求，利用各种手段引起受骗者关注，激发其内心的贪欲。然后设计一种受骗者难以辨明的复杂的"盈利模式"，利用专家、媒体的宣扬来佐证该模式如何之好且可以迅速得到收益。还要找来所谓的"受益者"宣讲自身的"成功经验"，最终骗取资金并提供无效的契约。

搞清楚设局者的一贯伎俩，我们便可以从中找到他们的弱点和漏洞。我们都知道，司法机关在做法律裁定时一向都侧重于物证，我们在判断一件事情是否可行时也可以借鉴这个原则。骗局的本质就在于虚假，只要用心去调查核实，所有的骗局都会露出马脚。而我们要做的，就是揭开骗子们虚假的面具。下面就是我们为大家准备的简单实用的招数。

招数一：对设局机构和负责人做背景调查；

招数二：认真查询国家相关法律、法规；

招数三：了解该领域的准入资质，查看该机构是否有国家颁发的必要证照；

招数四：对设局机构宣称的成功案例做调研；

招数五：通过互联网检索所谓的盈利模式是否可行；

招数六：向专业机构或人员咨询意见。

无论是投资还是融资，在决策之前，我们必须要了解国家相关法律法规，必须要查清楚对方的真实资料，必须要知道资金如何安全进出，必须衡量事情是否合乎正常的规律，必须明晰风险控制能力和手段。对以上任何一项没有把握，就绝对不能动用你的资金。

再狡猾的狐狸也斗不过老猎手，防骗需要从自身的强大做起。贪婪和恐惧是金融骗局永恒的中心，我们需要多一分冷静，少一分冲动，多一些思考，少一些贪欲，多几次慎重的求证，少几次盲目的信任。你强大了，骗子自然会对你绕道而行。

三十三天，希望我们能给你的钱袋子加一把锁。

中国诚信企业推荐

北京金汤勺信息科技有限公司

www.dreamtowns.cn

北京金汤勺信息科技有限公司是一家创新型的互联网科技公司，旗下的"金汤勺"平台是一家致力于帮助低收入家庭完全摆脱生、养孩子资金烦恼的大型公益平台，是中国首家让用户在网上享受生活、打工赚钱的全功能社区。"金汤勺"平台为社区居民提供能够按天计算且不断累积和增长薪资的超值网络工作机会，坚持每天十分钟就可以赚取高额资金。

"金汤勺"平台致力于打造中国最受关注社区品牌，实现中国所有网民的梦想、解决企业从 0 ~ 1 的难题，带给投资人巨大回报、百倍收益。欢迎您的加入！

深圳普华汇金资产管理有限公司

www.phhj-inv.com

普华汇金资产管理有限公司是由翟山鹰先生联合国内知名金融家、银行家共同发起的金融服务机构，为中小企业发展提供全面金融解决方案；是金融领域唯一一家为客户提供标准化、定制化、个性化特色金融服务的金融服务提供商。业务领域涵盖中小企业集合票据融资（发集合债）方案、信托计划投融资方案、股权私募基金投融资方案、IPO 或买壳上市投融资方案、企业间并购重组方案、众筹方案设计等。

普华汇金已在中国服务了近 30 家企业，接受普华汇金托管服务的企业有上百家，目前管理一支人民币引导基金，管理资金规模约 100 亿人民币。

HONEST
ENTREPRENEUR

中国诚信企业家推荐

李美莲 监事、经理
东莞市友华网络科技有限公司
13686690008@139.com

吴鸽剑
南开大学金融学硕士
476627088@qq.com

李中秋 董事长
北京迪生数字娱乐科技
股份有限公司
www.disontech.com.cn

吴学兵 董事长
北京伊缘圆婚庆礼仪
有限责任公司
www.yiyuanyuan.com.cn

宫银珊 副总裁
北京金汤勺信息科技有限公司
www.dreamtowns.cn

王雁 营销总监
普华众鑫文化传播有限公司
www.sinobalanceol.com

陈罡 律师
北京市北斗鼎铭律师事务所
13601025673@163.com

高雅 律师
北京市北斗鼎铭律师事务所
meisure1984@163.com

DREAM TEAM

《金融防骗 33 天》的梦想团队

感谢这些小伙伴对本书付出的努力！

张 萌
总策划

邢丽姝
推 广

李秀文
策 划

马金露
策 划

李 阳
设计总监

王春瑞
版面设计